特色学校聚焦丛书　丛书主编　杨四耕

快乐教育与
内涵生长

刘　静◎主编

华东师范大学出版社

·上海·

图书在版编目（CIP）数据

快乐教育与内涵生长/刘静主编. —上海：华东
师范大学出版社,2020
（特色学校聚焦丛书）
ISBN 978－7－5760－0517－2

Ⅰ.①快… Ⅱ.①刘… Ⅲ.①学前教育－教学研究
Ⅳ.①G612

中国版本图书馆 CIP 数据核字（2020）第 211186 号

特色学校聚焦丛书
快乐教育与内涵生长

丛书主编　杨四耕
主　　编　刘　静
责任编辑　刘　佳
项目编辑　林青荻
特约审读　刘玉华
责任校对　李琳琳　　时东明
装帧设计　卢晓红

出版发行　华东师范大学出版社
社　　址　上海市中山北路 3663 号　邮编 200062
网　　址　www. ecnupress. com. cn
电　　话　021－60821666　行政传真 021－62572105
客服电话　021－62865537　门市（邮购）电话 021－62869887
地　　址　上海市中山北路 3663 号华东师范大学校内先锋路口
网　　店　http://hdsdcbs. tmall. com/

印 刷 者　常熟市文化印刷有限公司
开　　本　787×1092　16 开
印　　张　15.25
字　　数　179 千字
版　　次　2020 年 12 月第 1 版
印　　次　2020 年 12 月第 1 次
书　　号　ISBN 978－7－5760－0517－2
定　　价　46.00 元

出 版 人　王　焰

（如发现本版图书有印订质量问题,请寄回本社客服中心调换或电话 021－62865537 联系）

编委会

主　编　刘　静
副主编　李　政　刘　娟　潘光玲
成　员　袁　娣　张小巧　黄朝琴　孙　艳
　　　　　　冉　春　刘　林

好学校的性格色彩

这些年,我与中小学、幼儿园有许多"亲密接触"。从这些学校中,我发现了一个"秘密":好学校总有自己的性格色彩,总有自己的精神属性。

好学校有丰富的颜色

好学校一年四季都有风景。春天,你走进它,有各色花儿,红的像火,粉的像霞,白的像雪;夏天,你置身其中,绿草茵茵,就算骄阳似火,也有阴凉;孩子们可以踢球、打滚,可以任性;秋天,你老远就可以看到,枫叶红了,橘子黄了,婀娜多姿;冬天,你靠近它,香樟绿环绕着你,垂柳枝笼罩着你,你不会觉得单调。当然,环境的价值不在于"装扮",而在于让心灵沉静,让生命多彩。它是生命哲学的演化,是内心深处的讴歌与赞美。法国思想家卢梭说教育的核心是"归于自然"——回归"自然状态",回归人之原始倾向。善良总存在于纯洁的自然之中。好学校总是拥有自然的纯净与原始美,它努力让孩子们与美好相遇。静谧、美好——好学校是温润的。

好学校有足够的成色

　　成色是衡量一所学校教育境界的一个指标,是一所学校的"育人"含金量。如果一所学校的含金量定位为考试成绩,它的成色就是混浊的;如果一所学校的含金量定位为立德树人,它的成色就是清纯的。黎巴嫩诗人纪伯伦说过:"我们已经走得太远,以至于忘记了为什么而出发。"教育是为着我们不曾拥有的过去,为着我们不曾经历的当下,为着我们不曾想到的未来。教育之原点在激发想象,而不仅仅是学习知识;教育之原点在发展理性,而不仅仅是讲授道理;教育之原点在鼓励崇高,而不仅仅是理解规范;教育之原点在丰富经历,而不仅仅是掌握技艺;教育之原点在温暖心灵,而不仅仅是强化记忆;教育之原点在强健身心,而不仅仅是发展智能;教育之原点在点亮人生,而不仅仅是预知未来。回归原点,是好学校的立场。不功利——好学校是纯粹的。

好学校有优雅的行色

　　优雅是让人向往的,有来源于生命本身的气质。每一个人都行色匆匆,孩子们被课业压得喘不过气来,教师被成绩比较而形成优劣阵营,这样的学校就不会是一所好学校。什么是好学校?孩子们表情舒展,教师们精神敞亮——每到一所学校,我总喜欢以这样的眼光去观察师生的生命状态。我发现,在好学校,孩子们的脸总是明晃晃的,有美好期待;教师的行色总是从容优雅,有专业自信。女孩子沁人心脾,男孩子风度翩翩,生命在人性层面焕发出动人光彩。一句话,每一个生命都自然而然地生长,这里有一种难以言说的气息在校园里弥漫开来、传播出去。面对此,我只能说:好学校是舒展的。

好学校有鲜明的特色

办学特色是一所学校整体呈现出来的系统性特征,集中表现在基于学校文化的课程体系。学校办得好不好,不在于规模有多大,而在于特色是否鲜明,是否有足以体现自己文化的课程架构。好学校行走在有逻辑的课程变革之路上,努力让学校课程富有倾听感,关注学生的学习需求;拥有逻辑感,建构严密的而非拼盘的课程体系;嵌入统整感,更多地以整合的方式实施而非简单地做加减法;饱含见识感,以丰富学生的学习经历为取向;提升质地感,课程建设触及课堂教学变革,课堂教学呈现出新的文化样态。一句话,好学校课程目标突显内在生长,课程内容突出学习需求,课程结构强调系统思维,课程实施张扬生命活性,课程评价与管理彰显主体向度。好学校关注学习方式的多变性和场景性,学习时间的灵活性和可支配性,学习空间的多元性与舒适性,学习资源的丰富性和易得性,让所有的时空都成为课程场景,让孩子们学习作品的形成、展示、发布、分享成为校园里最美的景观,让时空展现出生命成长的气息和灵动。是啊,好学校有生命里最美好的记忆。

好学校有厚重的底色

厚重的底色不在于办学时间的长短,而在于拥有强烈的文化自信。进入学校,我喜欢看墙上的"文字"。多年经验告诉我,文化不在墙上,很多时候,墙上的文字越多,学校的文化含量越低。道理很简单,大量文字堆放在墙上,说明这种文化还没有被老师们普遍认同,更谈不上内化于心、外化于行;说明这种文化还缺乏影响力,还没有被大众广泛接受,需要宣示和传播。一所学校是否拥有自己的教育哲学,是否拥有自己的教育信仰,是它"底色"

如何的重要侧面。毫无疑问，好学校应该有自己的教育信仰。但是，教育信仰不是文字游戏，不是专家赐予的东西。信仰是从内心深处生长出来的，是从脚底下走出来的，是从指尖流淌出来的，是慢慢地生长、慢慢地走出来、慢慢地流淌出来的东西。唯有"慢慢地"才能"深深地"，"深深地"才能"牢牢地"，扎下根来，进入我们的灵魂，融入我们的血液，成为我们生命的构成，成为我们前行的力量。文化总是无言或少言，但让人作出判断和选择。好学校，你一走进去，一种向往感、追慕感、浸润感便油然而生。因此，好学校是柔软而有力的。

美国思想家梭罗在《种子的信仰》一书中把好学校比喻为"一方池塘"，每一个孩子在其中如鱼得水，自由自在，这就是"回归自然"的状态。不是吗？好学校总是这样的——温润、纯粹、舒展、美好、柔软而有力——这也是本套丛书聚焦的一批学校的性格色彩。

杨四耕

2020 年 3 月 11 日于上海市教育科学研究院

目　录

　　爱有一千个定义,却没有一个定义能够把它的内涵概括全;成长是一种幸福、一种温暖的感觉,体验的是成长的快乐。教师爱孩子天经地义,没有理由。爱是美德的种子,让我们一起播种爱的种子,给孩子创造一个欢欣的童年乐园,能让孩子们在长大后的某一天回忆起他在幼儿园的时光时,可以情不自禁地扬起嘴角或是爽朗一笑!

第二章
每个孩子都是快乐的天使 ———————— 039

世上最灿烂的笑声莫过于天真无邪的孩子的笑声，那是新生命蓬勃生长的音乐，那是动听的天籁之音。每个孩子都是坠落人间的快乐天使，就像绽放在春天里的童话一样美丽，他们的脸上总是洋溢着纯真、善良、美丽的笑容，没有一种笑容比孩子的笑容更让人心动，没有一种快乐比孩子的快乐更加纯粹。

第三章
向着快乐出发是教育的最美姿态 ———————— 071

柳枝吐春芽，万物竞舒展，是春天最美的姿态；骄阳直射,皓月当空,光辉交映,是日月最美的姿态;向着快乐出发,舒展而温暖地成长,是教育最美的姿态。快乐就像一扇门,推开它,满是阳光、鲜花和生机。因此,我们要向着快乐出发。每一个生命都像大自然的花草树木一样不断地拔节、生长,呈现出它本该有的舒展姿态,这个姿态自然、和谐、美丽。

第四章
幼儿园是充满欢声笑语的地方 ——————— 099

有一种美好叫童年,有一个快乐的地方叫幼儿园。这里是孩子们嬉戏、学习、探索、创造的乐园;这里是孩子们愉快生活、快乐成长的天堂;这里是孩子们心中最喜欢、最美妙的地方! 那是童年最美丽的风景,那是孩子们最宝贵的记忆! 每当我走进幼儿园总能听到孩子们的欢声笑语,我为孩子们的欢声笑语而快乐,我为孩子们的童年充满快乐而幸福。

第五章
把快乐带给儿童是教育的智慧 ————————————

孩子的快乐很简单,有时仅是一个拥抱,有时只是一个随手画下的爱心,有时只是一句赞扬,有时只是一次得到肯定的尝试……教育的智慧就应唤醒孩子内心的快乐,引发心灵与心灵之间的互动,让孩子脸上笑逐颜开。有的智慧在突发的一个事件之中;有的智慧在举手投足间的一个小细节里;有的智慧在"预谋"的一个活动中。

约翰·霍特在《教育的使命》一书中谈到:"学校应该是一个具有多元化性质的地方——有智慧的、艺术的一面,也有创造性的、生动的一面——在这里,每个小孩可以自由选择自己喜欢参与的项目,或保有不选择的一面。"因此,当教学计划受到挑战时,教师不再是武断地拒绝孩子们的不同想法,而是允许孩子们根据自己的意愿去感受和体验未知和已知的世界,让儿童的天性尽情释放,让儿童的想象与创造不受局限。

向着快乐出发

如果说人生是一趟不回头的列车，我很庆幸，自己担当了新村幼教集团（以下简称"新幼"）快乐列车的引航者和守护者。

二十三年寒来暑往，每个清晨我都伫立在幼儿园门口迎来送往大小旅客搭乘这列新幼快乐教育的列车。这趟列车满载着幼儿教育的神圣使命，承载着不同孩子家庭的期待与梦想，包含了无数孩子的童真童趣，这趟列车总是那么神奇地赋能于大小旅客以快乐。

初次搭乘列车的孩童，因未知而哭泣，但是，当他与伙伴、老师一起踏上旅程时，他们能发现许多以前没有发现的、知道很多以前不知道的、做到以前不能做到的事儿；在这里，他们能做自己想做的事儿，能舒展地做原本的自己；在这里，他们能察觉到自己的无限能力，体验到自己于集体和他人的价值；在这里，他们能遇到更好的人和事，他们愿意努力做更好的自己。他们慢慢认识、了解了这里，于是他们接纳、喜欢了这里。搭乘列车时总是收获难以言状的笑语和满足，暂别列车时总是充满令人感动的不舍和期盼。

初次搭乘列车的家长，因教育认同而相遇。当他们目送欢快的脚步消失在晨曦；当他们黄昏时分用双手捧起那张灿烂的笑脸时，他们会关切地询问："今天过得开心吗？那'树屋'你终于鼓足勇气爬上去了吗？你种的番茄长高了吗？今天木工枪是否做好了？自己洗的蔬菜是不是用来煮晚餐的牛肉面了？今天当小巡警发生了什么有趣的事情呢？"每每听到家长和孩子们迫不及待地窃窃私语、低声交谈，我总是那么高兴。呵！今天又是多么快乐的一天！你看这些成人们，仿佛也置身其中，听得那么入迷和沉醉，在孩子们的讲述中卸下了一天的疲惫和繁琐，用轻快协同的脚步迈向明天。

在一天的行程中，我时常游走于各个车厢，感受每节车厢的独特乐趣。老师们总有那么多有趣的教育故事讲述给我听，总会向我炫耀他们与孩子们的亲密关系。哪个孩子在美工区画了一幅得意之作，哪个孩子心灵手巧地制作了会动的机器人，哪个孩子因为饲养的螃蟹死了而伤心，哪个孩子问了你一个无法解答的问题……每每这时，我也会告诉老师们，晚到的孩子总会到办公室寻找我的身影；每年教师节我都会收到无数毕业孩子的微信、视频；当我出差"消失"的日子，总有电话问询我的踪迹；当我路过每个车厢被发现时，总有几个孩子抱住我的双腿让我无法前行。每当这时我们相视而笑，这是我们共同的乐趣，一起谈论列车上的小机灵。

这是新幼朝朝夕夕中平凡的一天，快乐如斯，温馨如常。

我们这群毫无血缘的人，因为新幼聚在了一起，新幼一千多名孩子的成长牵动着成千上万家长的心。那，究竟要培养怎样的孩子才能满足家长的期望呢，怎样才能使他们成为社会和未来需要的人呢？我们只有明确了这个目标，才能指引这趟"快乐列车"平安、顺利、和谐、优质优教地驶向未来。

走访了一家三代入读新幼的家长，他们说："你们幼儿园的老师和别的老师有些不同，他们总是笑盈盈的，这种笑不只是脸上开出花，还有眼睛含着笑。"追踪新幼毕业生源就读的小学、中学，他们的老师说："新幼的孩子总有股不服输的劲儿。做什么事情都积极且沉着，学校的大小事儿都爱参加，学习能力强、动手能力强、协作能力强，人文精神突出。"回访毕业离园的孩子，他们说："怀念幼儿园宽广的操场可以肆意撒欢，难忘秋天老师带我们穿着雨衣踩水嬉戏、夏天打水仗玩泡泡。只要一进幼儿园的门,各个花园式的角落总有好多东西等着我们玩。我们并不是总待在教室,我们也经常在外面玩"。询问在园就读的孩子,他们说:"幼儿园的饭好吃,幼儿园哪儿都好玩,幼儿园里有蜘蛛、蜗牛、索道和好朋友。"林林总总,不胜枚举……我听出来新幼的人、新幼的景、新幼的物带给了孩子、老师、家长回忆里难忘的快乐味道,这就是新幼教育的特质,也是新幼教育的目的。

德西得乌·伊拉斯谟说:"一个人成为他自己了,那就是达到了快乐的顶点。"新幼教育旨在珍视童心的可贵、本真的可贵。新幼的孩子不是传统意义的"乖"孩子,但却是心存善意和美好的"好"孩子。

英国教育思想家赫伯特·斯宾塞提出:"教育的目的是让孩子成为一个快乐的人,教育的手段和方法也应该是快乐的。"在新幼,老师和孩子们可以随时席地而坐;学习的地点不仅是教室,而更多的是种植园、饲养角、大树旁、门口的超市、热闹的街边等;下雨天踩水、追着风跑、停电时上演光影剧场……学习就这么快乐地进行着。

我说:"新幼教育就是要让每一个孩子体验成长的快乐,成为更好的自己。"我们把教育的目光聚焦于关注:新幼的孩子在提出问题时感到自己不满足于已知的快乐;在解决问题时尝到挑战自我的快乐;在协同合作中体味被团队需要和实现自身价值的快乐;在接受帮助和帮助他人时感受到遇见美好的快乐……快乐是一种内心充盈的体验,是无限追求完善自我的巅峰感受,是根植于每个新幼孩子心中渴求满足的需求。我们培育的孩子不一定每个都能成为社会精英,但他们都自信而快乐。保有这样心态的孩子,他一定是优秀的!

此书把新幼发生的那些快乐故事集结起来,编辑成一份快乐教育指南,为走向幼儿教育的理想起点与终点提供有益的参考。孩子们快乐的奇思妙想让我们愈加领悟到尊重孩子、了解孩子的意义,教师们快乐的教育智慧让我们更贴近适宜的幼儿教育,新幼的快乐故事发生在每时每秒、每处每角。这些故事既记载了快乐教育的真情实感,也呈现了新幼快乐教育的改革变化。

　　读完此书,你若莞尔一笑,怦然心动,美好充溢心中,那便是我们不忘初心,爱孩子、理解孩子、用心做教育的最好回报。

"快乐号"列车长:刘静

2020 年 1 月 2 日于重庆市新村幼儿园

第一章
有一种爱叫快乐成长

爱有一千个定义,却没有一个定义能够把它的内涵概括全;成长是一种幸福、一种温暖的感觉,体验的是成长的快乐。教师爱孩子天经地义,没有理由。爱是美德的种子,让我们一起播种爱的种子,给孩子创造一个欢欣的童年乐园,能让孩子们在长大后的某一天回忆起他在幼儿园的时光时,可以情不自禁地扬起嘴角或是爽朗一笑!

爱有一千个定义,却没有一个定义能够把它的内涵概括全;成长是一种幸福,一种温暖的感觉,体验的是成长的快乐。快乐是什么？农民伯伯说:"快乐是收获庄稼。"客车司机叔叔说:"快乐是保障客人的安全。"教师说:"快乐是看到了孩子的成长和进步。"小朋友说:"快乐是我今天在幼儿园很开心!"

幼儿园教师爱孩子天经地义,没有理由。爱是美德的种子,让我们一起播种爱的种子,给孩子创造一个欢欣的童年乐园,能让孩子们在长大后的某一天回忆起他在幼儿园的时光时,可以情不自禁地扬起嘴角或是爽朗一笑!

爱是耐心和细心,呵护让孩子独立自主。

教书育人好比种花,不能拔苗助长,也不能培育温室里的花朵,他们经不起风吹雨打,需要耐心等待,细心指导。孩子的学习过程是一个不断尝试和积累的过程,请允许孩子有"试错"的机会,他们在学习的过程中,因为手指肌肉还不发达,需要反复练习,请不要包办代替,剥夺孩子学习的机会。家长和教师应给予积极的支持,只有孩子自己亲自做过或自己去尝试后,才能既喜欢,又印象深刻!这样当他(她)独立自主时困难会少一些,快乐会多一些!

爱是理解和尊重,激励使孩子自信阳光。

关于成功与快乐的科学研究表明,无论你的孩子未来如何,如果他能够保持温暖的内心和快乐的天性,他的成长之路会更加顺利。与人为善是打开快乐之门的金钥匙。在幼儿园生活中,孩子们由于来自不同的家庭,有着不同的行为和习惯,好的、积极的让教师乐于接受,沉默消极的就需要教师理解和尊重。教师的理解和尊重能帮助孩子找出不足的根本原因,这样才能用关爱改变孩子、接纳孩子,慢慢地你会惊喜不断,看到孩子不一样的成长变化!

爱是包容和平等,理解让孩子笑容洋溢。

每个孩子都是与众不同的,他们的不同有来自环境的因素还有性别的差异,比如男女的不同,男孩子学习新事物的速度也许会比女孩慢得多,但是很快会赶上来,面对一些孩子所谓的"淘气"行为,老师应该包容他,平等对待他。因为,孩子在成长过程中不同时期的状态和表现是不一样的。当你很生气时,你可以蹲下来拥抱他,你生气是因为你不知道他们需要什么、想表达什么,所以你不知道应该在什么时候给予什么。我们需要循循善诱的教师、充满爱的教师,请热爱你正在教育中的孩子! 爱可以擦掉他们淘气的眼泪,让他们笑容洋溢!

付出耐心和细心、理解和尊重、包容和平等的爱是有温度的爱,这份爱传递的是教育者的情怀,是恰当有温度的爱,孩子们拥有这样的爱就一定能快乐地成长。这就是我们所理解的孩子成长的快乐!

耐心等候是爱的第一步

每一朵花开,都需要长久的等待,每个孩子的成长如同花儿绽放,需要我们教师耐心的等候。有的花一个月就能开放,有的花则需要一年时间,真正的园丁不会在意花开的时间,而是默默耕耘,耐心等候,静待花开。

每个孩子的成长都有自己的节奏,老师只有放慢自己的脚步,才能更好地跟上孩子成长的节奏,有效促进孩子的发展。做小班教师,最忙的是午睡起床穿衣服环节,全班三十几个孩子等着老师穿衣服,老师就像打仗一样帮着穿完一个又一个,忙得连喘气的机会也没有。记得有一天,我走到童童的面前,迅速地抓起毛衣往他身上穿,可童童拒绝了我,他说:"老师,我自己来。"看到他渴望的眼神时,我答应了,然后就绕过他去给其他孩子穿衣,只见童童把衣服摆在床上,认真而缓慢地将套头衫往自己的头上套,不断地摸索着怎么将手伸进袖子里……当我把其他孩子的衣服都穿完时,回头看见童童还在摸索怎么把左手伸进左边的袖子里……吃点心的时间到了,孩子们陆陆续续去吃点心,而我和保育老师已经把被子叠好准备抬床,可童童的衣服还没有穿好,我急了,急忙走过去,抓起童童的衣服、裤子就往他的身上穿,不到一分钟全给童童穿好了,我得意地说:"童童,还是老师厉害吧,这么快就给你穿好了!"可童童一脸挫败地看着我,带着哭腔对我说:"老师,我就快穿好了,我想自己穿。"看着童童难过的样子,我开始反思自己。

我真的在帮孩子吗？当我急于给他穿衣服时，我征求他的意见了吗？当孩子想尝试自己完成穿衣服的任务时，我有去了解孩子的心理，耐心地去等待了吗？当我忙于完成工作任务时，我有慢下来等待孩子的节奏了吗？没有，我只是按照我的快节奏在忙碌，没有考虑和理解孩子的慢节奏。在不知不觉中，我的帮助阻止了孩子的探索，给孩子造成了紧迫感，隐形地剥夺了孩子自己独立穿衣服的愿望，剥夺了孩子自己尝试、主动学习探究的机会。

孩子的发展和成长不可急于求成，当孩子们愿意自己独立尝试着去完成一件事情时，教师首先应给予积极支持。只有孩子自己做过或自己去尝试后，才能既喜欢，又印象深刻。孩子的能力毕竟有限，对于一些事情，他们不能很快地、很利索地完成，这时教师万万不可着急，需要耐心等待，放慢自己的节奏，包容孩子们慢慢来。我们只有放慢自己的脚步，用爱心和耐心去适应孩子们的节奏，才能有效地促进孩子的发展。

从那以后，我和班级里两位老师商量，转变思想，放慢节奏，用爱心和耐心去适应和理解孩子们的慢节奏。允许孩子慢慢来，只要孩子想做的事情我们就鼓励孩子自己做，不催促，不包办代替，让更多的孩子体会到尝试的快乐，耐心等候是爱孩子的第一步。

第二天中午起床，我来到童童床前，童童看见我急忙说："老师，你不用帮我，我会自己穿衣服！"我微笑地对童童说："宝贝，我不是来帮你穿衣服的，我是来跟你道歉的，昨天老师不该急着帮你穿，应该让你自己来！""宝贝，老师相信你会穿好，加油！"童童听了我的话，高兴而轻松地穿好了衣服！虽然他的动作还是那么缓慢，也还分不清衣服的正反，还不太知道怎么将小手顺利地穿进袖子里，但我看到了童童在努力。就这样，我耐心地看着童童一遍又一遍把手伸进袖子里，又伸出来，一次又一次把衣服穿反，但他在努力地尝试，在探索，是想靠自己的努力挑战自己。这时，我不会再因为他的缓慢而去催促，不会嫌他反复地穿不好衣服而去包办代替，而是用鼓励的眼光肯定他的行为，为他不怕困难的行为点赞。我的耐心等候让更多像童童一样的孩子有时间自己独立穿衣服，虽然我们班吃点心的时间会晚一点，没关系，我们班的孩子在尝试。虽然我们会晚一点把床整理好，没关系，我们班的孩子正在慢慢地变强。一天、两天、三天，我们班级更多的孩子愿意去尝试自己独立穿衣服，更多的孩子学会了穿衣服的本领。几个星期后，童童自豪而高兴地对我说："老师，我会分清楚衣服正反面了，我知道怎么将手穿进袖子里了！老师，你看，我穿得又快又好！"童童快速地拿起衣服和裤子，自豪地在我们几个老师面前穿起来，动作是那么地迅速和熟练，童童的脸上充满着喜悦和自豪。看着童童稚嫩的脸，我为我们慢下来而喝彩，为我们的耐心等待而欢喜，我们的等待换来了孩子的成长。

此后，午睡起床慢下来，我们观察孩子，鼓励孩子慢慢穿衣服，教孩子正确穿衣服的方法；进餐环节慢下来，我们教给孩子正确握勺子的方法，鼓励孩子自己吃饭，哪怕饭菜掉得到处都是，也允许孩子自己尝试；半日活动慢下来，灵活安排孩子活动时间，孩子作品没完成，没关系，孩子你慢慢来，老师等你……孩子们也有着急的时候，比如：拿杯子喝水的时候，排队去玩的时候，上课回答不出问题的时候，他们都会露出焦虑着急的神情，有的甚至用身体动作和眼泪来表达。这时候，作为老师的我更应该对孩子说，不要着急，慢慢来。当我们成人慢下来，孩子的成长才会更快，孩子们会吃饭了，会自己穿衣服了，孩子做事情不拖拉了，他们也变得快乐而自信了！

每一朵花开，都有自己的样子和周期，都需要长久的等待，孩子的成长如花儿绽放，需要我们耐心等候。老师们，让我们慢下来，耐心等待，见证孩子们快乐成长！

覃绍月

爱让孩子发光

每一个孩子的启蒙阶段都是最为宝贵的,他们像一张张白纸,亟待书写未来可期的美好;他们像一座座崭新的城堡,需要教师去开启一扇五彩缤纷的窗户;他们像一朵朵含苞欲放的花儿,只要有爱的呵护就会盛开;他们像一个个温暖的小太阳,会发出灿烂的光芒来驱散自己成长道路上的困难与挫折。

在丰富多彩的幼儿园生活中,大部分孩子能很快适应,他们活泼外向,敢于表现,积极参与各种活动;也有少部分孩子仍然会哭闹,亦或是调皮,甚至动手打架,这两种孩子都很容易受到老师的关注。但是有一部分孩子因为内向胆小,不敢表达自己,习惯默默地待在一旁,在日常生活中,他们很容易被忽略。

起初的贝贝就是这样一位小女孩。贝贝长得胖嘟嘟的,非常可爱,可她却没有表现出孩童的俏皮快乐,经常显得沉闷胆怯。

记得开学没多久,有一次要给班上每位小朋友照相,小朋友们面对镜头都摆出了自己喜欢的造型,绽放着灿烂的笑容,但是轮到贝贝的时候,她一直低着头,也不笑,不管我们怎么逗她,她仍然一副闷闷不乐的样子,我蹲下来问:"贝贝怎么啦?"她没有回答,我又接着问:"是不是哪里不舒服啊?"她还是这个样子,我就只好不再继续追问。

不能忽视任何一件小事,不能忽略任何一个孩子。这件事情看似很小,但是爱的使命推动着我去发掘故事背后的原因。

观察是了解的前提,在日常生活中,我看到贝贝身上有很多发光点：生活独立，睡觉会保持安静，上课认真听讲，能记得老师布置的小任务，平时也遵守规则纪律，喜欢帮助别人。班上很多小朋友都喜欢和贝贝一起玩耍，老师们也都很喜欢贝贝。但是，贝贝不太爱说话，和其他小朋友玩玩具时从来都不争不抢，老师找她的时候，她会显示出紧张的神情，甚至还会躲闪，说话声音很小，支支吾吾的。

每个孩子都会有不同的个性，每种个性背后都会有一定的原因。我们需要做的就是走进孩子的内心世界，然后寻找到最适合的那把钥匙，慢慢去打开孩子的心结，让每个孩子接受到平等的关注和关爱，让每个孩子都能体验成长的快乐。

沟通加深了我对贝贝的认识。后来在和贝贝妈妈的交流中，我知道了贝贝性格胆小内向的原因——贝贝的爸爸妈妈离异了，贝贝常年和妈妈、外婆一起生活，妈妈和外婆对贝贝要求严格，因此贝贝自律且很独立，同时父爱的缺失让贝贝很内向，缺乏安全感和自信，不敢表达自己的情感。陶行知曾提出："培养教育人和种花木一样，首先要认识花木的特点，区别不同情况给以施肥、浇水和培养教育，这叫'因材施教'。"对贝贝，我需要用适宜的方式去打开她的情感之门。

爱，可以让孩子在阳光下成长。家庭是孩子的第一所学校，家长是孩子的第一任老师。孩子，是一株娇嫩的幼苗，需要阳光的哺育，需要雨露的润泽，家长需要把爱的阳光雨露注入孩子的心田。

我向贝贝妈妈表扬了贝贝的独立能干，同时也提出了对于贝贝这样内向的孩子可以用民主温和的教养方式的建议，贝贝妈妈决定改变以往严厉的教育方式。

爱，可以让孩子感受到阳光。内向的孩子更需要鼓励与关爱，培养自信心是使孩子拥有勇敢品质的前提，但自信并不是与生俱来的，因此，挖掘孩子的闪光点就显得尤为重要。

早晨的区域活动后，贝贝会帮助老师把不同区域的玩具归还回去，把图书摆放整齐。于是，我决定抓住她的这个闪光点，以此提高她的自信心。我在全班小朋友面前表扬了贝贝自觉收拾东西的行为,还选择了她喜欢的贴贴画送给她,我看到贝贝脸上露出了笑容,虽然害羞但却灿烂的笑容,我也情不自禁地跟着笑了起来。后来,我还选贝贝做班级的管理员、小老师、小组长,负责协助老师工作、管理小朋友、服务班级,她做得可认真、可开心了。

爱,可以让孩子发光。每个孩子都是独一无二的,作为教师的我们,要用心关注孩子、用心接纳孩子、用心体会孩子,帮助每个孩子找到属于自己的亮点,努力让他发光发亮。

没过多久,贝贝就变得活泼了,比之前开朗了许多,脸上多了很多笑容,和小朋友们一起玩耍时话也变多了,还会跑到老师面前表达自己的想法了。一次语言活动,贝贝积极举手,我请她到教室前面面向全班小朋友发言时,我还在担心她会不会像以往那样低头沉默,但接下来的画面让我印象深刻:贝贝站得直直的,用两只小手握着话筒,向我们说着她的故事。开始贝贝的声音有点小,我鼓励道:"你的声音很好听,如果可以更大声让我们全部都听见就更好啦。"贝贝立刻调整声音,大声地进行表达。那时,我在旁边看着她,一股感动的暖流涌上心头,你瞧她多勇敢!现在的她真勇敢!小小的孩子,却散发着很耀眼的光芒,这束光芒足以把她照亮,这束光芒足以让我温暖,这束光芒足以把生活的烦恼、郁闷都驱散开。

爱,是我们教育的源头,也是我们工作的动力,更是我们工作的内涵与使命。多一句真诚的赞美,多一个鼓励的微笑,多一个温暖的拥抱,多一份耐心的关怀,我们就能为孩子提供更多体验成功的机会,让孩子们扬起自信的风帆,闪耀自己的光芒!

爱,让孩子在阳光下成长!爱,让孩子沐浴到阳光!爱,让孩子自己发光!让我们一起用爱去托起明天的太阳!

周茹伶

温柔的小手传递爱

手，是人体重要的器官。它有精致的骨骼、灵活的大肌肉和小肌肉。如果没有了手，吃饭会变得困难，也不能再握住蜡笔画画，无法触摸和感受世界，甚至连与自己喜欢的人牵手，也会变得不可能。手是人体珍贵的部位，它能帮助人正常地生活，也能传递感情。温柔的手传递爱，轻轻抚摸，它能抚去许多的痛苦，而粗暴的手却制造痛苦，甚至让人嚎啕大哭。

在小一班，每一位小朋友都有一双小小的手，有的手胖胖的，有的手窄窄的，有的手很有力量，而有的手却很柔弱。我常常观察每一个孩子的手，看着小手尝试用勺子舀扣子；看着小手为小熊穿衣服；看着小手灵活地摘菜……也看到小手，高高扬起，"啪"地一声重重落在别的小朋友的身上。

那正好是一天吃午点的时候，我正在为小仪梳头，忽然就听到这样一声响亮的"啪"，我惊愕地回头一看，只见佳洋摸着被双双刚才拍过的地方，委屈地嚎啕大哭了起来。"怎么了！怎么了?!"这句话，是刚巧赶来接佳洋的妈妈发出的追问。看见女儿哭起来，她一个箭步冲到了女儿身边，心疼地将女儿抱在怀里，"别哭宝贝，怎么了，告诉妈妈!"我来不及说一句话，就在佳洋被妈妈抱起来的瞬间，刚才用自己小手打人的双双也"哇——"地一声，无措地哭了起来。

两个孩子一个在妈妈怀里，一个坐在椅子上，委屈地哇哇对哭，一时间，我不知道该心疼谁。赶紧和佳洋妈妈交流了几句，安抚了哭泣的佳洋,确认她被打的地方没有事情,我才蹲下身来去看还在哭泣的双双。"双双,你为什么要打她呢?"我伸手把双双的衣服整理了一下,轻言细语地问。"哇——哇——哇——"双双不回答我的问题,他或许也被刚才的情况吓蒙了,也或许就像他很多次"打人"的行为那样,根本没有意识到自己这样做是不对的。又或许,面对小朋友的冲突,他根本不知道除了"啪"的一声外,还有别的什么可以解决的办法。我先安抚好双双的情绪,但还是严肃地指出他打人的不对。然后,我忽然举起自己的手,问他:"双双,你知道这是什么吗?"

"是……手指头。"

"是的,这是我的手——你也有手吗?"

"我……我也有手吗?"

双双一边问,一边举起自己的手,看了看,点点头:"我也有手的。"

"那你觉得,手可以用来干什么呢?"

"可以玩玩具。"双双歪着头,认真地思考,"还可以……吃三角糕。"

"是的,那可不可以这样?"我说着,伸出手,摸了摸双双的背,力度很轻,他显然很喜欢。

"可以,摸!"

"是的,那你觉得,老师摸你的背是轻轻的,还是重重的?"

"是,轻轻的。"

"那你喜欢老师轻轻地摸摸你,还是重重地摸摸你?"

"我喜欢轻轻地摸。"

"如果以后,你有一点想用你的手去拍小朋友,可不可以也像老师这样,轻轻地摸摸他?"

双双想了想,认真地点了点头。

从那天开始,我时常会关注双双。一开始,他还是会忍不住有一点小事就想伸出小手,以"暴力"来解决问题。

但每一次,我都会及时地喊住他,用手做一个"轻轻抚摸"的动作,双双每次迟疑一下,便会控制他想打人的力度,轻轻地拍拍小朋友。我也会及时地介入,帮助他用"说"的方式,一步一步地解决问题。

慢慢地,双双打人的毛病不见了。我还看到,当新来的小朋友因为想家而躲在卫生间偷偷哭泣的时候,双双会迟疑地走到小朋友的旁边,用自己的小手轻轻抚摸,陪伴着想家的小伙伴。

我想,不用我说别的了,双双已渐渐感受到温柔的一双手比粗鲁的一双手更能正确表达自己的情绪,更有爱的力量。

学会爱别人,从手开始,温柔,皆由手去传递。

我看到,当萱萱午睡辗转时,甜馨将她的手放在萱萱的小腿上,轻轻拍打,还小声说:"你快睡吧。"

我看到,当孔孔不舒服时,小钦心走到她背后拍拍她,小声问:"你没事儿吧? 我的玩具借你玩啊。"

我看到,当豪哥摔倒时,京泰上前,伸出小手拉起他,两个人手拉手地又去拔草,准备喂兔子。

爱,是无形的,手是有形的,温柔的小手传递着爱,大手牵小手,小手牵小手,把爱串在一起,把心贴在一起,用爱温暖孩子们,用爱滋润孩子们。

徐乔雅

用爱陪伴　静待花开

爱是教育的灵魂，只有融入了爱的教育才是真正的教育。

老师的爱是孩子成长中最温暖的力量。

大一班从四川新转来一位小朋友——桢桢，因为爸妈常年不在身边，孩子性格内向、腼腆，因缺乏足够的爱而缺少安全感。不愿展示自己，不会主动与老师、同伴交流。面对陌生的新环境，他胆怯，孤僻，成天沉默寡言，用把自己封闭起来的方式，来保护自己。

为了帮助他适应和爱上新的幼儿园集体，让他能够感受到快乐，能够开朗起来，我有意识地多鼓励，多陪伴，用温暖的爱慢慢去减轻孩子的心理压力。看着同伴开心地玩幼儿园那好玩的荡桥，他的目光充满了羡慕，由于胆怯却不敢迈出步子。"没关系，我们先看看别人是怎么玩的。"在老师一次次鼓励下，他勇敢地踩上了第一座荡桥，虽然身体有点不听使唤，左右摇晃但他双手紧紧地握着绳索。"孩子们，我们一起给桢桢加油！"在大家洪亮的加油声中，他坚持着，勇敢地迈出了下一步。

童心是纯洁无邪的，它是真、善、美的原始状态的嫩芽，朴实而鲜亮；童心是好奇与敏锐的，它机灵地捕捉着世界上的奇光异彩；童心同时又是非常脆弱的，它像荷叶上的露珠那样容易被风吹落。呵护童心，激励童心，塑造童心是幼儿教师最大的天职，只有美好的心灵才能唤醒幼小心灵，只有纯洁的心灵才能开启无暇心灵。幼儿教师作为孩子们成长的启蒙者与引领者，必须尽可能地靠近童心,倾听童心。只有靠近童心,才能够平等民主地对待孩子,才能够站在孩子的心灵世界里思考问题,才能蹲下来跟孩子说话,才能跟孩子们融在一起,乐在一起,才能成为孩子的知心朋友。我们应常常反问自己:我们的心灵与童心相通了吗?我们的心灵是否偏离了孩子的心灵轨道?

乐乐是这学期刚入园的小班孩子,性格内向,在班级开展的小小播报员活动中,他总是不愿意上台。老师了解到妈妈在家和她是作了准备的,但是孩子就是不愿意上台。第一次,老师陪着她播报,老师说一句她说一句,结束后我带领孩子给予她及时的掌声,孩子脸上有了意外的微笑。这时我趁机提出要求:下一次她如果能主动上台来,会给她一颗进步星。第二周轮到她时,她慢吞吞地走上台来,声音很小地说出来。结束时,我依然把热烈的掌声送给她,表扬她这次愿意主动上台播报了,我送给了她一颗进步星。此刻,我明显看到孩子脸上的自豪感,接着我又提出新希望:下次声音再大点,老师会送三个进步星给她……慢慢地,孩子上台不再胆怯,不再畏首畏尾或沉默不语,而是自信、阳光地走上台,有模有样地播报起来。

有人说世界上有两种爱最纯洁,一种是母爱,一种是师爱,前者给人生长的生命,后者给人发展的生命。幼儿教师不仅要把伟大的师爱献给孩子们,还要把纯洁的母爱捧给孩子们,我们要用母爱般的情感去工作。我知道,学龄前儿童对母亲有着很强的依赖性,就像小鸡那样始终不肯离开母鸡宽大翅膀的呵护。当孩子们不得不离开母亲到幼儿园的时候,他们对母亲的依赖就转移到老师身上,幼儿教师常常担当着母亲的角色。母爱是博大的,母爱是宽容的,母爱是温暖的,母爱是慈祥的,每个孩子都爱依恋着母亲,当然也就会爱恋着有母爱的老师。记得冰心在她的诗中写道:"母亲啊!你是荷叶,我是红莲。心中的雨点来了,除了你,谁是我在无遮拦天空下的荫蔽?"像母亲那样去爱每一个孩子,是我们幼儿教师师爱的崇高境界。

小伙伴的爱给予孩子成长不可低估的信心。

孩子能力水平的发展直接影响着他们心理的表现,个别孩子当与同龄孩子相比发展相对滞后时,我们要敏感地发现,并及时给予适当的帮助和指导,让其尽快跟上同伴,建立起信心,避免让孩子产生自己不如别人的自卑心理。

刚入园时,桢桢看到小朋友们能连续跳绳、拍球,自己什么也不会,他是多么地失落。

这时,我为桢桢请来了小老师,好朋友,教他方法,陪他一起多练习,多鼓励,多赞美。小伙伴的影响和评价极大地促进了孩子的自信心。当桢桢看到班级小伙伴给予他掌声和笑容时,内心更充满了力量。同时,老师积极向他的父母沟通孩子情况,建议家长给孩子更多的陪伴,多一些语言的交流,多谈谈幼儿园里有趣的事情。两周以后,桢桢也能像小伙伴一样灵活自如地跳绳与运球了,自我挑战让他获得了成功感!原来沉默不语的小桢桢,现在每天早上都能听到他甜甜的问候;课堂上,他把小手举得高高的;游戏时,他能开怀大笑。原来胆小的桢桢,现在总是主动地抢着为大家播报。在老师、家长、小伙伴爱的陪伴和自己的努力下,乐乐和桢桢不断地战胜了自我,给大家带来了一次次成长变化的惊喜。

老师和小伙伴的爱,家长的陪伴与鼓励,都是孩子成长中重要的营养素。幼儿园老师天天和花儿一样的孩子在一起,孩子们的童真包围着我们,孩子们的诗意触动着我们,孩子们的笑声滋润着我们,诗人臧克家曾为全国著名的小学特级教师斯霞写过一首诗:"一个和孩子常年在一起的人,她的心灵永远活泼像清泉……一个用心温暖别人的人,她自己的心也必然感到温暖。"爱是滴滴甘露,能使枯萎的心灵苏醒;爱是融融春风,能使冰冻了的感情消融。在孩子成长的旅途中,让我们带着对童心的呵护,带着慈母般的师爱,不问西东,不计得失,用爱陪伴,静待花开!

严晓玲

特别的爱给特别的你

孩子是祖国的花朵,有的沁人心脾、美丽芬芳、向阳生长;有的默默无闻、风中摇曳、稀稀落落。是的,每个孩子都有所不同,作为老师的您是否愿意用温暖的阳光去照耀每一束花朵? 温暖少不了爱,但不是盲目的爱,爱的秘诀更少不了!

秘诀一:遇见特别的孩子不放任、不嫌弃。

秘诀二:走近孩子,了解原因、细心观察、用心指导。

秘诀三:融入孩子,爱在行为、爱在语言、爱在细节,允许他有特殊时光。

秘诀四:改变孩子,发现闪关点及时鼓励、家园沟通、共同携手、静待花开。

2018 年 9 月 3 日开学季的第一天我遇见了岑岑,他边哭边跳、边哭边撞墙,每天会开门跑出教室无数次;想解小便时他会就地解决,甚至直接把尿撒在教室里,吃饭时会把不喜欢的饭菜直接推翻倒掉;喜欢把老师给他穿好的袜子脱一只下来偷偷地套到另一只脚上;有时其他孩子提醒他坐小椅子,他还会抓人咬人;午睡时哇哇大哭,老师哄睡后,只要醒来又是嚎啕大哭……每当这时总有几个孩子皱着眉头或者捂着耳朵走过来跟我说:"老师他好吵啊!"也有个别家长找我建议让岑岑转园。作为老师,其实我也很无奈,但既然我已经是他的老师,我对自己说:"不嫌弃你、不放任你,终有一天你会改变的!"

无论哪个孩子，与生俱来都具有优良的品质。但在他成长过程中，会受到很多影响，有来自周围环境的影响，也有来自成人的影响，这些优良的品质可能会受到伤害。

其实只要仔细观察，孩子的每一项行为背后都是有原因的，家庭的离异、安全感的缺失、外公外婆的过度溺爱和包办代替，再加上孩子年龄小，岑岑在入园时只有两岁五个月，所以他那时焦虑感比一般孩子严重许多，初入集体生活的他，才会用这种方式去探索和适应。

我观察到他偶尔不哭时，喜欢一个人在区角独自玩玩具，玩腻了又换一个区角玩，这是属于他的安全区域，因为他在家就是想玩什么就玩什么，想玩多久就玩多久，不满足就哭闹不止；他一吃饭就哭，是因为不能独立用餐、不会用餐具；一睡午觉就哭，是因为他不想午睡。我把这些点滴观察记在心里，思考着如何循循善诱逐步转变这孩子。

多多细致观察，拒绝简单粗暴，这是我给自己因材施教、因性而教、因龄而教定下的原则。《3—6岁儿童学习与发展指南》指出：教师在组织幼儿一日生活中，要以幼儿发展为宗旨，尊重幼儿的人格和权利；关注个体差异，促进幼儿健康、快乐、富有个性的发展。面对特别的岑岑，我认为给予他特别的爱比什么都重要。

从此，岑岑来园哇哇大哭时，我会把他抱在怀里，并温柔地告诉他："不要哭了，妈妈下班第一个来接你，老师喜欢你，待会我们一起去玩玩具好不好？"如果还没用，我会让他最喜欢的团团小朋友也去抱抱他，两人拥抱在一起，小手牵小手地进教室；当岑岑不愿意参与活动，嘴里吸吮着小手，眼睛水汪汪地站在旁边时，我知道他还没适应，我便对他说尊重和鼓励的话："袁老师同意你再在这里玩两分钟，但是两分钟后我陪你一起回到小朋友中和小朋友一起活动。""我们约定如果时间到了老师会说我们的暗号'叮咚叮咚'，你就回来和我们一起好不好？"他眨巴眨巴大眼睛默默点点头。

老师的爱是太阳，在孩子感到害怕时，给予他温暖的阳光；老师的爱是橡皮擦，擦掉孩子身上的点点污垢；老师的爱是滴滴甘露，一点一点滋润孩子的心田。当然这一切也少不了家庭的爱，不是溺爱而是有原则的爱。

岑岑在幼儿园有进步时，我们老师会给予他及时的肯定和鼓励。比如给他的小手盖一个顶呱呱的印章，告诉他哪里做得很好，所以得到了顶呱呱，希望他继续努力得更多的顶呱呱！

从开学到现在，我每天晚上和岑岑妈妈交流孩子的情况，对她提出的困惑给予建议，通过近两个多月的沟通交流、家园配合，慢慢地岑岑变得不一样了，来园不哭了，进寝室不再哭闹影响他人了，能和小朋友一起排队解便、做操、上课、吃饭了。当我告诉岑岑妈妈孩子在哪方面改变很大时，妈妈说："听到袁老师的反馈，我能用老泪纵横来形容我这个当母亲的此时高兴的心情吗？"

爱能拒绝简单粗暴，能赶走焦虑恐惧，特别的爱给特别的你，朵朵花开，满园芬芳！

袁　娣

爱是彩虹色的

谈到幼儿教师，我就想到曾经有一部电影里这样说过："最好的教育不是看教育设施有多么好，而是看教育者的心。"的确，作为一名幼儿园教师就应该拥有一颗永远不老的童心，在孩子面前展开一片想象的天地，打开知识的大门，给孩子们的童心映上七彩光环，教师的童心应始终与无数颗稚嫩的童心一起跳动，直到永远。

还记得有一年小班开学，新生入园了，哭哭啼啼的教室里，有个小男孩引起了我的关注，他安安静静地坐在一个角落里，不哭也不闹，也不去和其他孩子一起玩玩具。我快步向他走去，蹲下身，面带微笑地看着他胸前的名字牌，手指着那群玩耍的孩子们的方向："星宇，你不想去玩玩具吗?"他顺着我手指的方向看了一眼，没有说话。"星宇，你告诉老师，你想玩什么? 我带你去玩好不好?"他继续不眨眼地看着我，一言不发。我心想：可能因为才上幼儿园不熟悉才不愿意说话，那先让他一个人待一会儿吧。我摸摸他的小脑袋轻声告诉他："这样吧，星宇，你自己先在这里玩，老师先过去照顾下其他小朋友，你有什么事情就过来找我，好吗?"看着旁边哭闹不止的那些孩子，我决定先过去安抚、稳定他们的情绪。这时，他好像有回应了，轻轻点了下头。

看着逐渐稳定下来的孩子们，正在我们的引导下准备如厕了，我突然发现在那个角落里的星宇一动不动，咦，他怎么不去? 是不知道还是没有听到? 我微笑着对他招招手说："来，星宇，到老师这里来。"他看着我,不说话,也没有动,似乎在想什么。我正想走过去牵他,就看到他慢慢站起身一步步走来,感觉有点儿怯怯的,于是我快步迎上去,牵起他的小手说:"走,我们去解便。"他一言不发地在我的帮助下如厕完又走回刚才的位置坐好。

一百个孩子有一百种语言,每一个孩子都是不同的,要去读懂每一个孩子、去解读每一种语言。"每个人都需要爱,都需要尊重",教师的爱不同于一般的爱,她大于友爱、高于母爱、更胜于情爱。这种爱是教育的桥梁,是教育的推动力,是幼儿转变的催化剂。教师要以平等的尊重和真诚的爱心去打开每个幼儿的心扉,因为,每一扇门的后面,都是一个不可估量的宇宙,都是一个无法预测的未来。教师的一言一行,甚至一个鼓励的眼神,就能拨动那美妙的心弦,带给孩子们无限的快乐。我想,教师的爱应该像彩虹一样,是绚丽多彩的。面对不同的孩子,给予他们爱的颜色也应该是不一样的,有热情的红——"老师,我喜欢你!""晓晓,我也好喜欢你!""哈哈哈哈";有平和的蓝——"老师,这是什么?""海海,这是……";有希望的绿——"靖靖,你再去试一试吧,一定行。"……

有一天要准备开餐了,我正招呼着孩子们收拾玩具,突然,我感到有谁拉住了我的衣角,转身一看是星宇。"星宇,怎么了?"我赶紧蹲下身轻柔地问他。"啊啊啊"一连串的声音伴随着星宇急切的表情。"告诉老师,星宇,你怎么了?"我的声音里有点儿着急了,可回应我的仍就是那一串听不懂的"啊啊啊"声。这下子,我更着急了,"星宇,你想做什么,你带老师去好不好?"他急切地点点头,牵着我的手往盥洗间走去,来到刚才我带他如厕的地方用手指着说:"啊啊啊。"哦,我终于弄明白了,原来他是要上厕所啦。

他不会说话、不会交流? 他不喜欢和小朋友一起玩耍? 他在家里的情况又是怎样的呢? 带着这一连串的疑问和观察到的状况,我主动找到他的家长进行了深入交流。原来,星宇的爸爸妈妈年纪都比较大了,他生下来时体质较弱,又因为爸妈平时工作忙,孩子就一直是家中的老人在照顾,父母和他见面的时间本来就少,教育就更少。

其实,通过一段时间的观察,我发现星宇是一个很聪明、比较内向的孩子,行为习惯好,只是在他的语言发展敏感期,家长没有重视,孩子又一直和家中的老人生活在一起,老年人将照料的重心放在了吃喝拉撒睡上面,忽视了与星宇的口头语言交流与沟通,从而导致他有一些语言交流障碍,故他不爱说活、不愿意交流,家长的过分呵护也导致他社会交往意识欠缺,交往自信不足,这也是导致他不愿意与其他同伴交往、玩耍的原因。

针对星宇的情况,我决定从以下几方面入手:

与家长交流星宇的在园情况,请家长引起重视,关注孩子的现状,及时做出调整,每天要有与孩子的固定交流沟通时间。如,询问今天的游戏、喜欢的小朋友等等,使其养成沟通交流的习惯。空闲时间多带孩子与小朋友们一起玩耍、分享玩具等,建立社会交往意识。

其次,对家长提出每日陪伴的要求。所谓陪伴,不是舍得了时间陪在一旁,而是舍得了自己,陪着孩子一起玩耍。例如,阅读绘本,每人一本,先自己阅读,再一起交流、分享,等等。

在园时间,老师会先和他建立良好的信任关系,再循序渐进地引导,要求星宇表达出自己的需求,鼓励他与其他小朋友们一起玩耍。

在家园的共同努力、配合下,星宇有了很大的进步,每天都能听到他响亮的声音:"老师早上好!""老师,我想……"

在日常教育教学活动中,我们往往会关注两极分化比较严重的孩子,即更加关注表现特别出众的孩子和特别调皮类的孩子,而往往忽略了表现平平的孩子,比如像星宇这一类的孩子。有时往往习惯于:"会哭的孩子有糖吃。"其实,我们还应更多关注一下这些表现平平的孩子的情绪,因为哭闹的、调皮的孩子已经通过哭闹或者运动的方式宣泄了自己的情感。

作为幼儿教师,要热爱和尊重每一位幼儿,营造出快乐的班级氛围。走进孩子的童心世界,了解每位孩子的性格特点、感情世界和家庭背景。读懂孩子的"语言"。用平等的眼光去看待每位孩子,成为一个让孩子喜欢的老师。面对每一个孩子都要表露出喜欢的情绪,使孩子同时也喜欢你,愿意和你一起在快乐中学习、成长。"爱是教育的灵魂,只有融入了爱的教育才是真正的教育。"

在一日活动中,教师要时时关注孩子,哪怕一个鼓励的眼神,拉拉手、摸摸他的头,都会传递我们对孩子的爱,让孩子们感受到多姿多彩的童年快乐与幸福成长的乐趣。

龙　华

用爱浇灌孩子的快乐成长

　　爱如春雨，滋润幼苗茁壮成长；爱如暖风，吹开四季花香，孩子更需要爱的浇灌。用心陪伴，让孩子的快乐和开心无处不在；用爱陪伴，让孩子们充满阳光自信；用爱浇灌，让孩子在快乐中茁壮成长，有一种爱叫快乐成长。

　　当鲜花绽放于阳光下，是绿叶最快乐的日子，当果实成熟于金秋时节，是园丁最欣慰的时刻。我是一片绿叶，是一名快乐的园丁，是一名幼儿园老师。记得在2018年9月刚开学的第一天，也是我参加工作的第一天，身在外地的妈妈和我电话聊天，关怀地问道："今天你第一天上班，面对班上一直哭的孩子，你自己哭了吗？工作的感觉怎么样？"我接手的是一个全新的小班，孩子们第一天上幼儿园，肯定会哭闹不止，我给妈妈的回答是"忙碌并快乐着"。这种快乐源于孩子们脸上的笑容，每个孩子都是一个古灵精怪的小天使，他们有着自己的奇思妙想。我的眼前常常会出现一张张洋溢着欢乐和天真的笑脸。我和孩子们在幼儿园度过的每一天，都让我感受到孩子们鲜活的生命和律动的美感。每个周一早上幼儿园都有升国旗活动，孩子们都要穿园服入园，每周星期天晚上老师都会提前在班级群里温馨提示。记得有个星期一的早上我站在小一班班级教室门口迎接孩子，远远地看见霈霈来了，她在走廊上边走边哭，不愿意走进教室，但她奶奶却着急地拽着她一直往教室方向走来。我心想："霈霈平时上幼儿园从来没有哭过，都是高高兴兴地来，还会主动地向老师问好。"等她走到教室门口，眼泪还在眼眶里面打转。我蹲下去拍着她的背，轻声问到："霈霈，怎么了？发生了什么事？你怎么上幼儿园还哭呀？"她带着哭腔断断续续地说："我没有穿园服。"她奶奶在旁边解释着："早上出门的时候，忘记给她穿园服了，她走在来幼儿园的路上，看到其他小朋友穿园服才想起来自己忘记了穿园服，走到幼儿园门口时，就不愿意进门了。现在外面下着雨，我说我等会儿把园服送来幼儿园，她不愿意，所以就哭起来了。"霈霈一直在哭，不愿意进教室，我蹲下把她拉到我的怀里。

"奶奶现在回去，把园服送来幼儿园，你觉得这样好吗？"我柔声问她。

她一直摇头，继续哭，我又问道："那你觉得应该怎么办呢？""我现在要回去穿园服。"她哽咽着，我点了点头，表示了同意。

"宝贝，现在你可以回去换园服。但是下次如果又忘记了穿园服，怎么办呢？"我蹲下身子，眼睛望着霈霈。

"我可以让奶奶提醒我。"霈霈低着头，带着哭腔，想了一会儿。

"奶奶如果也忘记提醒你了，又怎么办呢？"我问到。

"我自己要记住星期一要穿园服，每天睡觉前我可以问奶奶明天是星期几。"霈霈眼泪逐渐止住，不哭了。

"宝贝，你现在心情好一点了吗？"看着霈霈不哭了。

"老师，我不哭了，以后我会记着穿园服。"霈霈明亮的眼睛看着我，认真地说着。

"宝贝，老师要表扬你对穿园服的规则的遵守，但是希望以后遇到问题，不能一直哭闹。首先我们应该主动和奶奶说，把自己的不高兴说出来，说出自己心中的感受，学着和奶奶商量解决问题。你一直哭，奶奶会很着急，不了解你心中的想法，你也不能回去重新换园服。"我望着霈霈说道。

霈霈点了点头，跟着奶奶向幼儿园门口方向走去。过了不久，她回到幼儿园，脸上的泪痕已经没有了，带着笑容穿着园服高高兴兴地走进了教室，并主动向我打招呼："老师，早上好！"自己边手拉着好朋友去区角活动中玩了起来，边主动和旁边的小伙伴说，今天我是穿了园服的。她脸上的微笑是对我的做法的肯定。当孩子情绪低落或刚刚哭过，不要立即去强迫他学习什么或者做什么，否则没有好的效果。我选择了尊重和满足了霈霈的合理需要，支持她解决了自己遇到的问题，了却了孩子遵守幼儿园规定的心结。穿园服是小事，但是我从中看出了孩子在集体中的归属感和使命感的萌芽，这让我很受触动。有的孩子刚上幼儿园不久，会想和其他的孩子一样穿上园服融入班级中，这需要家长的帮助，需要老师的表扬，更需要老师用爱去呵护这颗幼小的嫩芽。爱是世界上最好的语言，多与孩子平等地用心沟通，了解他们的想法，尊重他们的想法，呵护他们的自尊心。多给孩子一些自由选择和自主决定的权利，小事情可以让孩子自己决定，遇到问题让他们尝试用自己的方法解决问题，让孩子学会做生活中的小主人，体验成长中自己的权利得到尊重，感受做欢乐小天使的愉悦。我时刻告诫自己，在孩子情绪低落的时候，一定要帮助孩子把不快乐的"虫子"找出来，理解他们行为背后的动机，找出孩子不快乐的真正原因。假如那天我没有让霈霈按照自己的想法回家换园服，而是等家长送衣服来幼儿园或是家长回家之后就忘了送园服的事情，霈霈可能一整天都会惦记着园服的事情。假如她看着别人穿着园服而自己没能穿上园服，那她一天的情绪该有多低落？或许这会让霈霈认为不穿园服也没什么关系，集体荣誉使命感也会就此减弱。老师尊重孩子，尊重孩子的想法，用爱浇灌孩子的心灵，孩子才会真正快乐地成长。

　　与孩子相处的日子里总是有着许多感动和快乐，一句亲热的问候，一个热情的拥抱，一句完整的话语，一个亲昵的动作都能使我感受孩子的成长。回想我与孩子们的故事，那许许多多的细节，无数次的感动、欢乐、泪水，点点滴滴串成了我和孩子们成长的轨迹，一条轨迹承载着孩子快乐的童年，一条轨迹流逝着我的岁月，两条轨迹紧紧相随，留下我和孩子们共同成长的串串脚印。

郭　嘉

教育的智慧就是爱

孩子，是每个家庭生命的延续，是爱的结晶，也是父母的希望所在，值得用生命、用心去呵护他，爱他！面对可爱而纯真的孩子，一双双天真无邪的眼睛随时都提醒我们该如何去爱他们。给予他们怎样的爱才能对孩子一生有意义呢？对孩子而言最大的爱，又是什么呢？静思后感悟，对孩子最大的爱莫过于给予他们良好的教育及环境，培养孩子拥有健康的心态和健全的人格。

新幼一直倡导并坚守儿童第一的价值观，快乐教育的教育理念，体验式教育课程体系。在严谨的教育思想引领下，老师们有了坚定不移的教育情怀及明确的教育方向。当孩子走进新幼，我们可以敞开胸怀，信心十足地接纳他们。从这里走进孩子心灵深处，了解孩子的想法，和孩子平等相处，赢得孩子的信赖是我们教育者拥有的共同的教育情怀。

去掉"想当然"，与理解相拥

理解孩子内心的渴望，你就能给予他们最需要、且恰当的心理抚慰。

孩子需要老师的关注和认可，老师需要关注孩子的喜怒哀乐，解读孩子的喜怒哀乐，控制好自身的的情绪，无论遇到什么情形，都不要把不良情绪发泄到孩子身上，而要耐心走进孩子的内心。在一次生活环节时段，西林小朋友非常沮丧地走到我的面前，低着头，不说话，手使劲地拧着衣服。我立刻用手摸摸他的衣服，发现全部都湿了。我轻轻地问他："衣服怎么弄湿了？是不是洒水了？是不是开水龙头的时候用力过大，把水溅得满身都是？"我一个问题接着一个问题，他越听头就越是往下低垂，脸也憋得通红，牙齿一直咬着嘴唇一动不动。我接着问他："是不是其他小朋友，不小心把水弄到你身上了？"他还是不说话，我也有些不耐烦了。这样百问不答的小朋友，真是让老师头疼。于是我便想当然地认为，责任在他自己，不然为什么不说话？不然为什么不告诉我原因？这个时候我正想提高嗓门，再一回想，西林平时都很乖的，性格也很好，总是喜欢当老师的小助手，现在就为了湿透的衣服我就否定他，他一定会更难过的。看着他噘起的小嘴，我想：算了吧，等等吧，给他一些思考的时间，一会儿不紧张了会说的。于是我用我的衣服给他换下湿了的衣服，告诉他：先换一件衣服，别受凉了。接着，我开始揽着他，耐心地等。一分钟过去了，两分钟过去了，西林慢慢地抬起头，轻轻地靠在了我身上，小声地说：刚才我去拉便便了，我看见水冲不下去便便，我就学大陈老师用盆端水去冲，但是盆子太重太沉了，我使劲端了，结果盆子一歪，水洒了我一身，不过我还是把便便冲下去了。

听了西林的描述，我瞬间哽咽了，此时，我唯有用拥抱去安抚他。我紧紧地抱着他，感受到他紧张的呼吸声逐渐变得轻松，他舒缓了下来。我庆幸刚才的等待，没有失去孩子对我的信任。

不论是老师还是家长，我们总是因为自己是大人，有很多的"想当然"，并且把这个"想当然"当作"真的"放在孩子做错的事情上。殊不知，我们的这些自以为是也在不经意间伤害了孩子幼小的心灵，我们放下"想当然"，多留点时间给孩子去思考、去表达、去解释、去证明……那样才会让孩子更快地成长。

尊重社会圈，营造友爱班级氛围

"毕竟还是幼儿园的小孩子而已，懂什么呀？"

"那么小，什么喜欢不喜欢的哟！"

"不要和那个小朋友在一起玩，离他远一点。"

一些父母在面对孩子交友过程中，总有一些随口蹦出的语句，每当孩子满眼充盈祈求帮助的时候，却被成人随口蹦出的语句弄得不知所措。孩子虽小，但他们依然有自己的愿望，得到同伴的支持、接纳、认可、拥护是每个孩子的荣誉。

在幼儿园生活中，为了营造友爱的班级氛围，提高孩子人际交往的自信心与交往能力至关重要。洋洋小朋友是一个性格极其开朗的小哥哥，在转入我们班级前就已经是众所周知的一位小名人，因为他全身上下充满了动感和运动天赋。孩子们总用着极其羡慕的眼光看着他，他也随时用自己的动作来展示着自己的傲骄。随着时间的推移，班级中的孩子一遇到竞争式的活动时，就如同追星一样连续地呼喊着洋洋的大名，他也更是在这样的环境中洋洋得意，对于他的母亲更像是在身上披了一件龙袍似的，幸福指数噌噌噌地往上窜，觉得自己的儿子就是最棒的，什么事都不在话下。事件到这里时，我们作为老师都会很欣赏这样的孩子，毕竟孩子从能力上来说是很棒的。可心细的我在每天赏识他的同时，也默默地观察他的小细节。有一次，在"报纸建构房屋"的活动中，孩子们自由分组，洋洋和几个小朋友们在一起操作了起来，这个建构在操作中不断地遇到难题，孩子们不断地改变策略，一向很有统帅感的洋洋在创作中和另一个很有想法的丢丢小朋友发生了争执，最终成功的作品是由丢丢搭建出来的。在丢丢小朋友进行作品介绍时，所有的同学都向丢丢投去了赞赏的目光，不断地夸奖丢丢。站在一边的洋洋，脸上没有了笑容，一脸的惆怅很难受，接下来一天所有的活动他都显得无精打采。放学时，当他母亲站在迎接孩子的队列中时，他猛地扑了过去，大声地哭了起来，不知所措的母亲以为孩子受了很大的委屈，按耐不住内心的担忧和我们理论了起来。事件的原委我们需要重播一遍，当母亲听完后，依然是站在顶端，不愿去承认和相信这件事情是自己孩子不能完成的，更不愿意在别人面前认输。

这位母亲的心理简单直白地告诉我们，小朋友可以这样赏识自我，建立自信：欣赏自己的外表，自豪自己的本领，发现自己的价值，热衷自己的梦想……让孩子们感受到"榜样"的力量。我从另一方面跟他母亲沟通，我们是如何看待自己同伴，欣赏同伴，去接受别人的长处和学习别人的优点,从心理上接受自己的不足和缺点才能更加优秀和自豪。和这位母亲连续一周的讨论后,孩子的状态日渐改变,性格也更加开朗自信,班级中的小朋友们也恢复了以往对他的崇拜。

　　教育是一门艺术,教育需要智慧,教育的智慧源自对孩子满腔的爱与对教育职责的深刻领悟。

陈海霞

奏响爱的主题曲

这一年,我从高中音乐教师变成幼儿教师;

这一年,我的工作从头昏脑涨到有条不紊;

这一年,我的心情由垂头丧气到期待明天;

这一年,同事的关爱、童心的接纳、自我的成长,奏响着我生命中最动听的爱的主题曲。

爱的前奏——遇见理解

俗话说:"隔行如隔山"。作为音乐专业毕业,一直从事高中音乐教育的我而言,幼儿教育这种跨年龄段和跨专业的工作,简直是重塑人生的经历。

到幼儿园后,教育对象的转变,导致我在教学中说的话孩子们听不懂、指令不管用,我像一个巨人来到了小人国。我孤独,孩子们更是无措,更别说半日活动的组织了,我顿时觉得,我是"哑巴",每天上班对我而言是难捱、是苦撑。

痛苦不堪的我,得到了本班教师的帮助。一次在值午睡的时候,中一班班长曲老师轻轻地走到我身旁坐下,用关怀的语气微笑着对我说:"晓红,独立带班有一段时间了,现在感觉怎么样?在工作中有没有什么困难?"听完这话也不知道怎么的,我的眼泪唰的一下就出来了。是无助?是无奈?还是对同事之间这种发自肺腑关心的感动？我的眼泪到底交织了多少复杂的心情我已经分不清了。曲老师见状拍了拍我的后背，说："是在工作中遇到什么困难了吗？有什么我能帮你的？"听完这两句话，我的眼泪就像泄了闸的洪水，一发而不可收拾。所有的困难和不如意似乎都在此刻涌现出来，我哭着说："都说公考很难，但当时参加公考的我不管有多艰难，从未想过放弃，最后也算是一路过关斩将，终于如愿考上了。开学时，我怀着愉快的心情来到幼儿园上班，但来到幼儿园后，我发现我什么都不会。从开学到现在，我觉得上班的每一天都很难捱，每一天都在苦撑，我觉得好辛苦，甚至想要放弃了。"说着说着我哭得更伤心了……

"那我也讲讲我的经历吧！"曲老师若有所思地说："我跟你一样，我也不是学学前教育专业的，我也是个外行，不过你看现在的我，不也照样当班长带班？"曲老师缓缓地接着说："一开始吧，其实我也觉得幼儿园老师这个工作挺难的，'万事开头难'，干什么事情最开始不是这样呢？公考之路那么难你都成功地走过来了，还有什么能难倒你的？其实最艰难的那个阶段你已经度过了，我看班上的孩子挺喜欢你的，半日活动你也组织得挺好的。"曲老师继续说："你做事认真，班上的周老师和胡老师还有我，对你的印象也都挺不错的！你有音乐特长，你会弹钢琴，你会唱歌，你还可以利用你的优势和专长来组织半日活动。"

听了曲老师的这些话，我的心情渐渐由阴转晴，瞬间就豁然开朗了，原来我也不是那么的不堪。眼泪还挂在脸庞上的我笑着说："谢谢你，曲老师！"曲老师又接着说："我们两个都是非专业的，我可以做得到，我相信你一定也可以做到的，甚至做得更好。加油，晓红！"我握着拳头做了一个"加油"的动作说："加油！"

经过和曲老师的这次交流，我的内心又重新燃起了希望，对幼儿教师这份工作又增添了几分自信。

爱的交响曲——遇见接纳

在我笨拙的适应期里，我总是小心翼翼地去观察孩子们的反应，我内疚自己"无知"不能带给他们快乐，不能像其他老师那样生动地讲故事；不能像其他老师那样随时了解他们的小心思；不能像其他老师那样做他们的好朋友。而这一切的胆怯都只能藏起来，一旦被孩子发现，我更无法掌控教学。

然而，和孩子的交往中，我逐渐解除了疑虑，童真的孩子早已经接纳了我这个不够好的老师。班里一个叫宽宽的孩子，每天早上都是爸爸送到幼儿园。宽宽的裤腰上每天都系着一个"佩奇"的玩偶，孩子每天早上都哭着不让爸爸离开。对于孩子的这种分离焦虑，一开始我也是不知所措，但我想用我的爱心和耐心像爱自己的孩子一样来爱他。

这天早上宽宽仍然哭着不让爸爸离开，我从爸爸手上接过孩子，抱在我的怀里，宽宽使劲挣扎，他想挣脱我的怀抱出去找爸爸，但"狠心"的我没让他"得逞"，强行把他抱进教室，他哭得很伤心，手还在往门口爸爸离开的方向伸。我找了把椅子坐下来，还是紧紧抱着他，任他趴在我的肩膀上哭泣。过了一会儿，我说："宽宽，要不要把你的佩奇给我玩一下？"孩子瞬间停止了哭泣，触电似的转过头来，紧紧抓着佩奇，毫不犹豫地说"不可以！"我知道孩子的注意力已经成功被我转移了。我放下孩子，牵着他的手往玩具区走，一边走一边问："为什么不可以呢？""因为这是我的佩奇。"孩子的小手把佩奇抓得更紧了说。"老师这里有很多玩具，要不要用你的佩奇来换玩具玩？"我故作诱惑状。宽宽犹豫了一下，似乎有点舍不得把佩奇给我，但又禁不住其他玩具的诱惑。"好吧！佩奇给你。"说完他把佩奇取下来递给我。我接过佩奇，陪他玩起了玩具。一直到后面老师组织半日活动，宽宽都没有再哭，一种莫名的成就感涌上我心头。

后面连续几个早上，宽宽仍然还是哭着不让爸爸离开，但只要看到我,他便不再哭了。这也渐渐让孩子对我产生了依赖。一次,我让他坐在桌子前吃早餐,便去忙其他的事了。见我走了,他马上哭了起来,哭着跟保育老师说:"杨老师不见了。"这使得当时的我哭笑不得,好不容易宽宽入园后不哭了,却离不开我了。慢慢地,我尝试着跟宽宽约定好以后再离开,一小会儿没看见我他不会哭,但时间长了他还是会哭着找我,以至于后面我走到哪里他就跟到哪里。接下来的好长一段时间,我绞尽脑汁想办法解决"宽宽和我的分离焦虑"。于是我跟宽宽又有了一个新的约定:如果我没在教室,他不仅没哭,还跟老师和小朋友一起玩得很开心,放学时我就奖励他一个贴贴画。宽宽同意了,对我的依赖也一天比一天少。忘了从什么时候开始,宽宽每天都能高高兴兴入园,并能开开心心地和小朋友一起玩耍。

我有次外出参加了几天培训,回来时孩子们正在操场玩"百宝箱",宽宽看到我,远远地跑过来抱着我,班里的其他孩子也蜂拥一般,跑过来抱着我、围着我。

"杨老师,我好想你啊!""杨老师,你去哪儿啦,怎么没见到你?""杨老师,我也好想你啊!"……

此刻,我的心里暖暖的,也是在此刻我才知道,孩子们早已经接纳了我这个"不够好"的老师。

爱的协奏曲——遇见自我

经历过彷徨,就更加笃定;经历过惊慌,就更加平和;经历过挫折,就更加有底气。在这一年的转变洗礼中,我渐渐摸索出一系列运用音乐特长改进组织半日生活的策略,我越来越希望在幼儿音乐教学中能发挥所长。

在领导和同事的支持和帮助下,我加入了"重庆青年合唱团",我还加入了集团的"音乐工作坊",和热爱音乐的同行和同事们一起探讨,一起学习。接下来,我要成立"小百灵鸟合唱团",充分利用和发挥自己的音乐特长，力争早日让幼儿音乐教学迈上新的台阶。

这一学年，我在跟小班、中班和大班的孩子们相处的过程中，奏响了各种各样的声调——美妙的和刺耳的，尖锐的和平展的，活泼的和严肃的……无论过程怎样，这一年，在演奏这首"爱的主题曲"过程中，孩子们成长了，我也成长了。

爱是教育的灵魂，只有融入了爱的教育才是真正的教育。教师要用真爱滋润孩子幼小的心田，唱响孩子甜美的歌谣，伴随孩子们快乐成长。教师要用细心、耐心、诚心对待每一个活泼可爱的孩子，用爱心演奏美妙的主题曲，让孩子们展开爱的翅膀，自由翱翔，快乐成长！

杨晓红

爱洒童心　陪伴成长

　　爱是教育的灵魂,爱需要用心去陪伴;爱是一种鼓舞人心的力量,爱可以化解孩子新入园的焦虑和集体生活的不适应;爱是温暖的,可以满足幼儿生活、精神上的合理需求。陪伴,是一种给人依靠的信赖,给予孩子学习的动力和探索世界的勇气,陪伴为孩子打开一扇扇未知的窗户,让孩子看到色彩斑斓的新世界;陪伴让孩子不再孤单,让他们体验到在幼儿园有太多的乐趣;陪伴滋润着老师和孩子的心田,孩子和老师在有爱的生活中相互影响、彼此成长。

　　我从事幼教工作已三十年,想想二十岁时,我初为人师,那时,我的园长告诉我,要成为合格的幼儿教师,首先一定要爱孩子,同时要做到有耐心,有爱心和有细心。每当孩子病了,我会细心照顾;吐了、拉大便了,我能不顾臭味恶心及时清洁;当孩子调皮捣蛋,无理任性的时候,我会耐心和孩子交流,忍住不乱发脾气;当偶尔遇到有多动症、口吃、智力低下的孩子,我绝不会嫌弃,而是用足够的耐心学会等待。三十岁时,我已执教多年,对师爱有了更深层次的理解:和孩子成为朋友,分享孩子生活中点点滴滴的快乐。有时我也会和孩子在操场上一起奔跑,和孩子在种植区里一起尖叫:"快看,这里有蜗牛!"游戏时,我会关注个体差异,提出不同的要求;餐后,我还会和孩子们一起聊天,唠唠家常……看到孩子们开心的样子,我感到很幸福,因为我不是高高在上的老师,而是孩子们可以信赖的朋友。

陶行知先生说过:"教育不能没有爱……没有爱就没有教育。"老师的爱在某种意义上说,是一种甚至高于母爱的无私而伟大的爱,它是教师与幼儿之间最有力、最自然的连接点,是打开幼儿心灵的金钥匙。幼儿教师的工作注定那么繁琐、细微,孩子的吃、喝、拉、撒、睡全要管,若没有那份视如己出般的爱心、细心和耐心,在这个岗位上要坚持下去是很难的。只有具备一颗爱孩子的心,才会发现每个孩子的可爱之处。

幼儿教师要以博大的胸怀去爱每一个孩子,以真诚的爱心去关怀每一个孩子,尽量做到一视同仁,不带任何偏见。每个孩子的能力和生活经验不同,我们要关注差异,因人施教是老师专业能力的体现。当我们蹲下身来,真正成为孩子的朋友,了解每个孩子不同的想法,尊重他们,不用一把尺子进行比较,及时鼓励进步,我相信这样会大大激发孩子的潜能,增强孩子的自信,促进孩子的成长,让每个孩子真正体验到成长的快乐。

当然,对孩子的爱绝不能是肤浅的、盲目的。

教育家裴斯泰洛齐说过,"从早到晚,我一直生活在他们中间……我的手牵着他们的手,我的眼睛注视着他们的眼睛,我随着他们流泪而流泪,我随着他们微笑而微笑……"这是对幼儿园老师生活的真实写照。朋友意味着尊重与平等,朋友还意味着真实的情感。孩子,我愿意走近你,成为你信任的朋友,认真倾听你的心声,了解你内心的秘密,主动和你打招呼问好,帮你解决心里的烦恼。在得到你的帮助时我也会向你道谢。孩子,感谢你成为我的朋友,让教育充满了童趣。

最真的爱就是陪伴,陪伴让师幼关系变得融洽,让孩子和教师走进彼此的心灵。教师的一言一行无不影响着孩子的行为,而孩子们的每一个想法与回应更值得我们去关注与思考。儿童第一,只要把孩子放在心里,孩子的一个眼神、一句话语、一个动作都会给我们带来思考,让自己不断前行。孩子,感谢你成为我的老师。

一次入园时,我和礼仪宝宝们站在一起接待儿童入园,孩子们陆陆续续来到幼儿园。也许是年龄关系,我不能再记住全园每一个孩子的姓名,"小朋友早上好",这是我说得最多的一句话。这时,一个小男孩走过来,我亲切地说:"小朋友早上好。"只见他拉了拉我的衣服说:"园长妈妈,我叫张小贝。"顿时我好尴尬,连忙说:"张小贝,早上好。"想想平时,自己到班上去偶尔也会抱一抱孩子,而没有抱到的孩子眼里则是充满了羡慕和期待。张小贝这个特别的自我介绍让我反思。在孩子的无数点点滴滴生活中,我们不光要看到孩子的笑脸,还要关注每一个孩子的心理感受。为此,我努力记住全园 200 多个孩子的名字,记不住的也要先问一问;主动的问候让孩子感到家的温暖。于是,在孩子面前,我的目光总是会经过每一个孩子的脸,拥抱孩子时,总会有鼓励的话语。

记得在新幼小主人会议上,我和孩子们热烈讨论:到底该选谁来当升旗手和小主持?事情源于幼儿园每周一升旗仪式,小主持和升旗手的表现都不尽如人意。有的说话声音小,有的动作不标准,看到这样的情况,我告诉老师们要选拔能干的孩子来承担这个任务,这样仪式感才强。于是,接下来的升旗仪式上就总是那么几个孩子。仪式感强了,但我却发现,好多孩子都在下面说:"我也想当升旗手。"到底该由谁来担任小主持和升旗手呢?我把问题抛给了孩子们。于是,新幼小主人会议上,孩子们说出了自己的想法,有的说应该选声音大的小朋友,有的说应该选听话的小朋友,有的说小朋友们都可以去……围绕这些问题,我和孩子们的意见最后达成一致,升旗手由班级孩子自行选拔,轮流担任,家长协助练习。从此,幼儿园小主持和升旗手越来越多,孩子们锻炼和展示的机会做到了公平和平等。升旗手的自主选拔,既满足了每个孩子的需要,也让孩子们体验到被信任、被当选的快乐,在升旗仪式上所有的小朋友都精神抖擞、兴高采烈,小小升旗手活动给孩子们的童年留下了满满的自信与快乐。

爱,让孩子们爱上老师,爱上幼儿园;陪伴,让孩子们拥有快乐而有意义的童年。

郭隆学

第二章
每个孩子都是快乐的天使

世上最灿烂的笑声莫过于天真无邪的孩子的笑声,那是新生命蓬勃生长的音乐,那是动听的天籁之音。每个孩子都是坠落人间的快乐天使,就像绽放在春天里的童话一样美丽,他们的脸上总是洋溢着纯真、善良、美丽的笑容,没有一种笑容比孩子的笑容更让人心动,没有一种快乐比孩子的快乐更加纯粹。

微笑是快乐的音符，微笑是爱的喜悦，微笑是幸福的流露。世上最灿烂的笑声莫过于天真无邪的孩子的笑声，那是新生命蓬勃生长的音乐，那是动听的天籁之音。每个孩子都是坠落人间的快乐天使，就像绽放在春天里的童话一样美丽。他们的脸上总是洋溢着纯真、善良、美丽的笑容，没有一种笑容比孩子的笑容更让人心动，没有一种快乐比孩子的快乐更加纯粹。

追寻快乐是孩子的本能，展现快乐是孩子的天性。小小的身体，大大的能量。每时每刻，我们总能从孩子身上发现一种向上向阳的内在特质，让他们舒展着天使般快乐的翅膀在自己的生活世界里尽情飞翔。

快乐是什么？著名德国哲学家康德说："快乐就是我们的需求得到了满足。"马斯洛的需求层次理论为我们追寻孩子快乐的奥秘打开了一扇窗。我们往往会发现，孩子是活在当下的。孩子的快乐并不单止于吃、喝、拉、撒、睡等生理需要的满足，更有着追求心灵的满足与精神的愉悦。

自由与无拘无束是天使般的快乐，犹如一条小鱼的快乐是自由自在地在海里游来游去。孩子的快乐就是恣意地游戏、玩耍。孩子们与生俱来的强烈的好奇心、求知欲，使他们对一切事物都有浓厚的兴趣。拥有自由的时间和空间，摆脱成人过多的束缚，追随自己的兴趣，自己做主，做自己想做的事情，说自己想说的话，玩自己想玩的玩具，交自己想交的朋友，开心快乐便从心底油然而生。回归大自然中的孩子像一匹脱缰的野马，在草地上尽情地奔跑、呐喊，几乎很少喊累。田间偶然发现的蜗牛也能让他们乐此不疲地观察一下午。一片树叶也能用来做百变魔术，变碗、变伞、变被子,任凭想像天马行空。一段无厘头随性的模仿,也能惹得自己捧腹大笑。虽然每个孩子有各自独特的脾气和秉性,有自己独特的生活方式,但几乎每个孩子都以乐观向上的面貌在自由的生活中寻找、发现、制造乐趣。

友好和爱是天使般的快乐。就像一首歌唱的那样,"你就是我的天使,给我依靠的力量"。孩子们同成人一样渴望同伴、渴望交往。友好、合作、信任的伙伴关系,尊重平等的师幼关系,包容民主的亲子关系,让孩子在友好、平等、有爱的交往中合作和共享,体会被尊重、被接纳、被认同、被关注、被需要。孩子在这个过程中也能学会主动关爱他人、尊重他人,享受交往的快乐。快乐就是这么简单,享受着快乐也传递着快乐。刚入园时哭哭啼啼的孩子,犹如落单的大雁般孤单、害怕,当老师温柔的双手把她拥入怀中,当热情的同伴分享玩具……孩子感受到被读懂、被理解、被关爱、被支持、被需要,消极情绪不自觉地慢慢消解,开始在交往中建立归属感和安全感,犹如回归雁群的大雁,开心快乐起来了。

探索和成长是天使般的快乐。孩子最大的快乐就是在成长中让他们的潜能力得到发展,这是自我价值实现的生命体验。一颗有吸收力的心,就像一块吸水的海绵,总是能自主地、积极地投身于各种探索中。动脑动手,或模仿、或思考、或不断试错、或不断总结,在一系列的体验中主动地感知外界信息,自主地建构认知经验,在一个个问题情境中,依靠自己的努力解决认知冲突和困难,收获前所未有的发现与惊喜,激发出内心自尊自信自主的情感体验,或许这个过程中夹杂着泪水、汗水,但是孩子在其中尝到了专注、坚持、独立思考的乐趣,体味着其中的成就感、荣誉感,快乐才是真正发自内心的快乐。

"儿童是成人之父",我们应该敬畏儿童的生命,他们身上有天使一样天真的笑脸,也有不一般的智慧和气质。作家郑渊洁说:"每个孩子都是天使,关键在于我们怎样培养教育他们。"是的,每个孩子都有自己的个性和发展潜力,我们应该向孩子学习,把快乐作为一种追求,读懂孩子的快乐,支持孩子的快乐,把教育孩子作为一件快乐的事情,永葆孩子快乐的天性,让孩子在快乐中成长,成就最好的快乐的自己。

给天使自由快乐的翅膀

从教 20 多年,我一直享受着我的快乐,我的快乐根源其实来自于那群快乐的天使。因为我始终相信每个天使都向往自由,那我就放手吧,给予他们自由的翅膀,让他们尽情飞翔。

下午我带领孩子们到小区散步,他们像小鸟一样兴奋雀跃。突然,依依右手高举着一片树叶,边晃边叫道:"朵朵,你快来,快看,我发现了一片爱心型的树叶!"朵朵听到声音后连忙凑到依依身边,看着她手中的树叶说:"是啊,爱心的树叶,真的好像爱心喔,太漂亮了!"依依把爱心树叶放在朵朵手中说:"这个给你,我再找找去。"依依两只手在草地里翻来翻去,不一会儿,依依高举着又一片爱心树叶说:"我又找到了一片,我又找到另一片爱心树叶!"依依的声音一下子吸引了一群孩子,他们来来回回穿梭在草地上找树叶。

"我找到了一片椭圆形的!""我找到了一片三角形的!""我找到一片扇形的!""快看快看,我的这个超级大,像一个大盘子!""你这个这么小,是绣花针,哈哈哈……"

给孩子自由就要追随孩子的兴趣。一片看似很普通的树叶,却引起了孩子们极大的兴趣。幼儿园环境中开放的资源随处可见,都有可能成为孩子自由探究的素材。孩子对树叶如此感兴趣,他们用自己的语言描述树叶的样子,主动与同伴观察比较树叶的"模样",当第一个小朋友发现了有爱心的树叶后,大家都开始去寻找,于是他们发现了形状不同、大小不同的树叶,并进行对比。"支持幼儿自发的观察活动,对其发现表示赞赏。"(引自《3—6岁儿童学习与发展指南》)(以下简称《指南》)作为一个专业幼儿教师,我没有去打扰孩子们,一边默默地观察孩子们的兴趣点,一边思考:今天孩子们对小树叶的关注,是一时的兴趣呢,还是持久的兴趣?这小小的树叶还会引发孩子们讨论什么有趣的话题或者启发孩子们什么新的探究呢?

这时豆豆拿起几片树叶,蹲在篮球场红色塑胶地面上摆弄起来,突然他抬起头,对旁边的小朋友说:"快看,我的小兔!"边说边在红砖地上又放了几片树叶"小兔的房子",这时又走来两个小朋友也模仿他的样子,弯腰拿起树叶拼摆起来。这时轩轩又找来一些小树枝,大家一起又拼摆了小路、小桥……孩子们从找到的一堆树叶中挑出一些树叶,在篮球场拼摆了起来,朵朵边拼边说:"我这是在拼大熊猫!"孩子们从地上一片一片地拿起树叶帮助朵朵一起拼大熊猫。豆豆继续返回草地,双手抓起树叶准备往朵朵的位置走去,突然返回蹲了下来,一只手将自己的衣服拉起来,一只手往衣服里面放树叶,很快树叶就装满了衣兜。就这样,朵朵、依依负责主拼大熊猫,豆豆和其他几个孩子负责运树叶,不一会,一个可爱的大熊猫的外形就构建出来了。在他们旁边也有一群小朋友在拼画,拼的有蝴蝶、有小人、有兔子、还有房屋……

给孩子自由就要支持孩子想象的思维。我意识到,今天孩子们拼的图案都和孩子们的生活经验密切相连,蝴蝶、人、兔子都是孩子平时绘画中经常出现的。我提供了纸和笔,引导孩子发散思维,在生活中寻找一些图片或者自己设计一个图案,便于更好地进行造型拼摆。围绕着这个话题孩子们又激烈讨论起来,他们又想到了许多许多可以用树叶拼摆的东西。

给孩子自由就要认同鼓励他们探索的过程。孩子们自主拼摆造型活动中,当遇到树叶不够时,大班的孩子并没有立刻向老师求助,而是自己想办法与同伴分工合作。《指南》在社会领域教育要求中指出"活动中能与同伴进行分工合作,遇到困难一起克服"。今天这几个孩子对树叶的探究全过程,边说边玩,有分工有合作,十分和谐。孩子们有着聪明的头脑,能够积极思考,乐于探索,运送树叶的方式先是用手抱,为每次多运一些树叶,孩子们尝试借助衣服作运输工具,每次都增加了树叶的运输量。就在大家都玩得不亦乐乎的时候,有一个小朋友跪在小路旁边的草地上,慢慢地向前爬去,边爬边数"1、2、3、4、5……",原来他在数一共有多少片树叶组成了小兔的房子。数到最后他说小兔的房子一共有 95 片树叶。这时又有一个小朋友也学着他的样子数了起来,"2、4、6、8……"孩子们的行为让我大为惊喜,原来每个孩子都有自己的思维关注点,他们数树叶的方式各不相同,有的是一片一片数,有的是成双成双地数。我为孩子们惊人的学习能力而欣喜。回到教室,孩子们分享交流他们玩树叶的过程,我大大赞赏了他们解决问题的能力。

我高兴地发现,就是这么一次自由活动,一片不起眼的小树叶,竟然让孩子们玩出了这么多意想不到的游戏,也促进了孩子们多元化发展。从科学领域的角度探究树叶的属性、数学形状和数量关系的认知,到艺术领域的表现与创造,再到社会领域的人际交往、分工合作,乃至语言领域方面的倾听与表达,这所有的一切都体现了孩子们在游戏中自发的兴趣、自由想象、主动学习,我所做的就是给孩子一个室外自由探索的机会和不断地观察与支持,给孩子们提供了一个自由的时间和空间,当孩子们有发现的时候,或者正在探索的时候,我默默地耐心观察,俯下身子,融进儿童阵营,和他们一起动手,及时用语言和行为支持、鼓励孩子们发散思维。当孩子们提出问题时,我乐意与孩子们共同讨论,支持他们的想法,有效地拓展了他们的想法,促进了他们的学习与发展。

从发现树叶开始,那片草地从此成为孩子们自由探索梦想的乐园,成为孩子们自主学习和建构经验的乐园,我愿意跟随在孩子们身边,学会放手,给孩子们插上自由快乐的翅膀,守护孩子们快乐童年的每一天每一刻。

范 晓

"变形金刚"快乐变形

在一次大班户外体育游戏中,我预设的活动内容是练习攀爬。活动前,我和孩子们一起忙着准备器械和布置场地,这时两个孩子谈话的声音传入了我的耳朵,我转过头看见明明和萱萱正兴高采烈地谈论着电影《变形金刚》。

不一会儿很多孩子都围了过来,大家纷纷叫嚷着:"我昨天也看了电影,超级酷!""变形金刚本领好大哟!"萱萱和明明看到这么多小朋友都看了《变形金刚》,更加兴奋和激动地大喊了一声:"变形金刚集合吧,准备出发——!"说完他们俩模仿起变形金刚的动作向四处跑开,边跑嘴里边念着变形金刚家族的名字:"大黄蜂、擎天柱,快跟上。"一下子,操场上都是孩子们奔跑的身影。

看到放飞自我的孩子们,那一刻我心里甭说有多焦急,我在纠结如果这个时候让他们暂停游戏,回到我预设的活动中来,他们的学习主动性被打断了,他们还能有如此热情的学习兴致吗?他们还会快乐地学习吗? 如果继续放任他们的自我游戏,那今天孩子体能发展的活动目标还能完成吗?

快乐教育就是随着孩子的兴趣而变化。在"儿童第一"教育思想主张下,我深知:面对孩子们活动中的突发兴趣,应尊重他们的行为,给予他们支持与鼓励,应随机应变、临境设计,追逐孩子兴趣的变化不断调整自己的策略方法。我改变主意,及时调整自己预设的教育活动内容,先加入到孩子们的游戏中,将自己也变身为变形金刚,我和孩子们一起不停地变换方向和动作在操场上"飞行",我的参与让孩子们玩得好开心!

看见孩子们浓厚的兴趣和参与积极性,我又一次思考:在体育游戏中,如何将预设的活动目标与孩子们的兴趣点结合、如何将预设的活动内容与孩子们的发展需要整合,才能更有效地促进幼儿认知能力的发展和经验技能的提升? 于是我快速地调整了教学策略:将预设应达成的攀爬目标与变形金刚应练就的本领相整合,将预设的体验情景与变形金刚的战场模拟相整合,将预设的动作练习与变形金钢临危不惧、英勇顽强的意志品质相整合。

一番思考后,我灵机一动,大声地呼喊着:"孩子们不好了,霸天虎要来袭击地球了,大家快来练习新的本领吧。变形金刚要是能有像蜘蛛侠一样攀爬的本领,我们才能打败霸天虎。"孩子们听到后迅速回到我身边,开始按照我的引导,认真地学习攀爬的动作要领,积极、专注地练习着攀爬技能。接着我又设计了变形金刚与霸天虎的决斗环节,设计了分组比赛,看哪组最快地完成攀爬任务,打败霸天虎。孩子们兴趣盎然,更加积极地投入到游戏中,他们动作的协调性、同伴间的合作性以及攀爬技能都得到了很大的提高。

快乐教育就是将教育意蕴隐藏在孩子的游戏中。《指南》提出:"教师要善于发现幼儿感兴趣的事物、游戏和偶发事件中所隐含的教育价值,把握时机,积极引导。"面对这次体育活动的偶发事件,我顺应了幼儿的兴趣和需要,采取了积极有效的回应措施,这随机调控引发的体育活动可谓绘声绘色,教育目标的达成全不费工夫。

在接下来的体育活动中,孩子们依然沉迷于扮演变形金刚,我抓住这一教育契机,引导他们深入探究变形金刚的本领,继续发展孩子们多方面的运动技能。我抛出了新问题:"变形金刚除了飞行、攀爬,它还可以有哪些本领,让它变得更厉害呢?"孩子们一听,立刻又兴奋起来,纷纷参与讨论:变形金刚要能精准地向敌人发射炮弹、变形金刚要像孙悟空一样会跳跃翻筋斗、变形金

第二章　每个孩子都是快乐的天使

刚要能在高空建筑物上行走不摔下来……

孩子们的回答和我预先设计的投掷、跳跃、平衡技能练习发展目标内容相融合。我高兴地继续号召孩子们:"那我们现在开始练新的本领吧——投掷!"孩子们立马积极地开始练习新本领。我们还与孩子们约定后面几次的体育活动,继续开展变形金刚的游戏。

苏霍姆林斯基说:"教师只有不是消极地承认所发生的一切,而是自己去积极地影响他们,创造他们,他才能成为对学生个性发生积极作用的力量,他的劳动才具有创造性。"是的,面对幼儿教育活动中随时可能发生的状况,教师应抓住教育契机,应不断储备对孩子个性发展产生积极作用的力量,遵从孩子的天性,让孩子做主,教师退居幕后充当导演,让教育更有价值。在这一次次体育活动中,孩子们玩了变形金刚的游戏,我也跟着孩子们进行了"变形",并在"变形"中不断地进行反思,不断地调整我的教育策略,增强了我的"专业魔力",也成就了我专业的幸福感。

我愿继续做孩子们的"变形金刚",随孩子们的兴趣而变,随孩子们的探究欲而变,随孩子们的天性而变,让孩子们的快乐学习与发展精彩无限。

谭　静

天使是快乐的学习者

　　孩子是上天赐给我们最好的礼物,他们无拘无束、天真活泼,是人类世界的小天使。我从教学的第一天开始就坚信:"孩子不是一张白纸,他们有自己独特的认知世界的方式。"他们虽然很小,看似什么都不懂,需要成人去教授,但他们小小的脑袋里却蕴藏着老师猜不透的智慧和奥妙。他们有着好奇心和探究欲,有着学习的愿望和独立思考的能力,他们能用他们特有的方式去学习。在快乐教育理念下,我们必须承认孩子是一个独立的快乐的个体,孩子应该是快乐的学习者。

　　孩子的快乐学习到哪儿去了? 随着孩子年龄增长,各项学习任务的来临,不少孩子似乎变得不开心起来,成人也为之变得焦虑起来。在孩子学习任务驱使下,成人往往用成人的标准去看待孩子的学习和衡量孩子的学习成绩,成人总觉得不去干预似乎孩子就学不会。成人总希望把更多的知识传递给孩子,并惯用填鸭式、灌输式方法去教孩子,导致孩子被动学习。这样的被动学习剥夺了孩子内在的学习兴趣,偷走了本该属于孩子的快乐学习,忽视了孩子的自主学习能力和独特的学习方式,不仅让孩子的学习枯燥无味,同时也是给孩子一种无形的压力。

　　快乐学习源自孩子的自主探究活动。小庞是一个五岁的小男孩,我已经观察了他好几周,记下他在美工区有趣的学习过程。上周他告诉同伴他要画一个机器人,今天一早他来到美工区,迅速找来了白纸和水彩笔,他非常熟练地在白纸上方画了一个方形脑袋，两个圆形眼睛，当他开始为眼睛涂色时，发现黄色水彩笔没墨水了，他离开座位去找水彩笔，转了一圈没找到，感觉有些失望，回到座位上。他又很快行动起来，他跑到盥洗间把笔尖用水淋湿后继续回来绘画，并自言自语道："水彩笔没水了，加点水不就行了。"这个方法当下很管用，帮他涂了一只眼睛，但很快又没墨水了，他起身离开了座位去了玩具区。我想，他是要放弃绘画吗？可就在这时，我发现他找回一大盒超轻黏土材料，他没有玩里边的超轻黏土，而是专注地看着盒子上面"蓝＋黄＝绿"的信息。接着，他打开盒子，各取出一小团黄色和蓝色超轻黏土混合，顿时他欣喜地大叫起来："啊，成功了！"原来他用黄色和蓝色超轻黏土混合变成了绿色，将绿色超轻黏土铺在画纸上代替没墨水的水彩笔。

认同孩子是快乐的学习者。当我观察到小庞探究超轻黏土，发现颜色组合的秘密时，我格外欣喜。作为具有二十年教龄擅长美术教学的我想到，像"蓝＋黄＝绿"这样的色彩混合内容，以往我们需要几节课才能让孩子们学会。但事实证明，我们以教学的方式向孩子传授"蓝＋黄＝绿"信息时，孩子并不乐意记住它，并未体验到其中的乐趣。而今天小庞自己找到了色彩混合的方法，解决了自己绘画中水彩笔没有墨水、画笔不够用的困难，还获得了有关颜色组合的知识技能，这样的学习远远超出我们课堂知识传授的效果。事实告诉我，学习和玩耍的动力来自孩子解决问题的乐趣，当你静下心来观察孩子，你会为孩子们发现问题——寻找办法——解决问题的过程喝彩。成人能想出给水彩笔加点自来水，用超轻黏土代替水彩笔这样好玩有趣的办法吗？唯有孩子。在自己感兴趣的事物探究中，我看见了孩子学习的快乐，看见了孩子自然的没有压力的学习。所以，我们要尊重孩子独特的学习方式。

让兴趣成为孩子学习的快乐源泉。接下来，小庞对颜色混合变色产生了浓厚的兴趣，他成了美工区的常客，那盒超轻黏土玩具成了他最好的朋友。在不断尝试中，他成功实践出"白＋蓝＝浅蓝、白＋红＝粉色"的色彩知识，并把混合出的超轻黏土用到了机器人身上,接着他又尝试出"橙＋蓝＝棕"。他取了相同大小的橙色和蓝色混合后发现自己做的棕色和盒子里原装的棕色超轻黏土颜色不同,他很疑惑,做了好几次都不满意,于是主动向我求助;我提示到:两种颜色中是否哪种颜色量不够。听了我的建议,他很激动,多加了一点橙色、又多加了一点……终于变出了想要的棕色。他很兴奋,成功的快乐溢于言表,他急切地告诉身边的小朋友,他是怎么成功的。

小庞一直保持自己对色彩的探究兴趣,专注于自己独特的学习过程,我为我能持续地观察小庞而开心,也为他保持自己的兴趣,不受干扰地去探究颜色混合直到成功而点赞。从小庞不断发现问题、解决问题的学习过程中,我看到了孩子身上强大的学习能力。是什么让小庞连续好几天都待在美工区里? 是什么让他失败了也不放弃? 只为了找到还原棕色的方法吗? 我更欣赏他的学习兴趣与专注、坚持与创新等学习品质以及获得的学习满足的快乐体验。

让孩子真正成为快乐的学习者。孩子学习中练习、尝试的过程是枯燥乏味的,唯有有兴趣的尝试才会让孩子乐在其中。被动学习只能让孩子机械记住知识,唯有积极主动得来的探索成果,才能让孩子获得学习的喜悦感和成就感。英国著名教育家斯宾塞先生提出:"长期以来的教育误区是把教育仅仅看作在严肃教室中的苦行僧生活,如果通过强迫的训练来塑造孩子,完全是徒劳的,教育的根本目的是让孩子成为一个快乐的人。"作为教育者,正是为了要培养这样快乐的人,我们更需要去发现孩子独特的学习方式、保护好孩子浓厚的学习兴趣、为他们创造更好的学习条件,引导孩子自己去发现、探索、验证,创造性地表现。鼓励孩子乐于实践,以尝试体验为快乐;激励孩子乐于探索,以发现求真为快乐;关注孩子的学习习惯与品质,以孩子成为快乐的学习者为快乐。

李　政

潼 样 天 使

提及孩童,极尽美好之词：可爱、纯真、好奇、天使……是不是每一个孩子都是萌萌的小可爱呢？是不是漂亮而温柔的孩子才算是天使？我遇到了另一个派别的天使——潼潼。

我的疑惑——潼潼为何与众不同？

如果老师组织小朋友在户外活动,潼潼一定要想办法躲进教室里摆弄区角活动玩具。晨间小朋友们区角活动的时间,他要一个劲儿地钻出教室在操场上狂奔,"抓捕"几次就逃出去几次,乐此不疲。我以为他需要关注,因而故意特立独行。老师们尝试关注或者忽视他,他依然喜欢玩躲迷藏。七年来,我第一次对一个孩子束手无策,于是疑惑起来："潼潼为何与众不同？"

"超速"的潼潼,很高兴认识你！

怎样才算认识一个人？ 名字、年龄、爱好、电话、住址……介绍一个人可以有很多角度,但是知道这些信息就算认识他吗？

怎样才算认识你的孩子？ 父母是通过喂食、洗澡、把尿、穿衣等一系列亲密行为,高度了解和认识自己的孩子,因此在成千上万的婴儿中,父母一眼就能辨识自己的孩子。

怎样才能认识我的孩子?我不能仅仅凭借孩子的表现来判定。我和他们相遇之前,有三年的时光空缺。家庭氛围、教养风格、社区环境等等都会影响一个孩子性格的形成。所以我断定与众不同的潼潼,只是我的教学生涯中未曾遇到的类型而已,只是我还不曾真正认识他而已。于是我抛弃班级管理的一些禁区,打破那些似乎合理的条条框框,打开我心理的那扇认知大门,用包容的目光去追随认识潼潼,用接纳的心态和他相处,用理智的爱心告诉他:"嗨,潼潼,很高兴认识你!"

晨间区角时间,他伺机逃出操场,在草地里捡小石子,在花盆里找小蜗牛,抠挖塑胶操场的小坑里的小颗粒……每每捡起一个"宝",他都回望守在身边的我。那滴溜溜转的小眼珠时而警惕时而疑惑,让追随而不"缉拿"他的老师——我——感到特奇怪。户外活动时间,小朋友涌到操场肆意撒欢,他溜回教室,选择心仪的区角活动独自玩耍。虽然只有他一个人在玩,但是他还是插卡进区,安静地玩着区角游戏。尽管他才3岁多一点儿,但他却能完成给自己既定的目标,比如画完一张纸、搭建完一个作品,或者把益智区的所有玩具都玩一遍。

一天又一天过去,他习惯了我的追随但不制止的存在,渐渐地时而还主动跟我分享操场的新发现、区角活动的得意之作。我把这些点滴记录下来、归纳梳理后我发现潼潼与其他孩子并没有什么不同。他了解并遵守着区角活动的规则,和其他孩子一样喜欢去探寻那些细小的物件。只不过颠倒了先室内后室外的活动作息而已。潼潼在认识自然物体和科学常识方面有超乎年龄的耐心和认知,他有很多我未曾了解的问题:"蜗牛怎么生宝宝?""蜻蜓吃什么?""军舰有哪些类型?""夏天地板那么烫为什么蚯蚓要出来晒死?"……喔,是工程师爸爸、杂志编辑妈妈给了他大量的知识储备。

跟随潼潼的活动轨迹,我也发现了潼潼选择独处的原因。潼潼也曾主动发起过与其他小朋友的交谈，飞机、火箭这些话题往往得不到小朋友回应。小朋友们玩的游戏也得不到他的喜欢，渐渐地他就把自己"孤立"了起来。

回家吧，中一班这个家！

转眼升入中班，小班处于平行游戏阶段，潼潼独特的作息或许还可行，但始终不利于他的社会性发展。我觉得应该帮助他接纳集体作息方式和班集体规则。

重庆总是以延绵的雨季迎接初冬，餐后孩子们正在教室外玩百宝箱，潼潼一直伫立在雨棚下笑盈盈地看着，看了一会儿转身高呼到："快看！"这时几个孩子拎着百宝箱在雨里跑进跑出，潼潼更高兴了。我问："在雨里跑好玩吗？"潼潼兴冲冲地回答我："你看，雨掉下来有个坑，雨为什么要掉下来？"他没有去享受雨中奔跑的快乐，而是关注到了下雨的景象。我再回过神来看那几个孩子，他们头发已经湿漉漉了。潼潼回望被雨淋湿的同伴，一起咯咯咯地笑了起来。探究下雨的情形、感受淋雨的刺激畅快，目的不同，但都享受着探究下雨的乐趣。

淋雨事件的第二天，我放弃了原有的课程安排，请孩子们带上雨具、雨鞋，大家一起去淋雨。孩子们转动雨伞把雨点抛向空中，穿上雨衣跑来跑去，时不时拿开雨伞仰望天空……这一张张笑脸是那么鲜活，寂寥的操场充满了生气。玩累了，孩子们陆续回到了教室。我问孩子们："下雨好玩吗？"喧闹的教室顿时安静下来，大家整齐地说："好玩！"我又问："雨从哪儿来？为什么要掉下来呢？"孩子们七嘴八舌议论开来："是从云里面下来的。""不对，是乌云下的。白云没有！"我追问："那为什么白云没有，乌云才有呢？""因为乌云是被污染了，所以下雨。""因为乌云重，白云轻。""白云里的水被太阳晒干了！"显然部分孩子已经和父母讨论过这个问题，积累了一定经验。我再次追问："乌云里的水是从哪里来的呢?"孩子们可爱的想象力开始发挥了。舒启赫说:"是打水枪,打上去的。"我表示怀疑:"啊? 你能打到天上去?"舒启赫补充到:"现在我小,我多吃点饭,长高点就可以了。"其他小朋友也纷纷帮他想办法力图实现"打水枪"增雨的要求:"搭板凳"、"搭梯子"……舒启赫也许觉得打水枪是行不通的,他换了法子:"那就打炮好了!"我立即肯定他:"不错,当长久不下雨的时候,气象局的确会指挥人工用打炮的方式来降雨。可是自然的雨是怎样下来的呢? 乌云是怎样聚集水滴的呢? 请小朋友来看老师变魔术。"

　　我用电饭锅装上水,插上电源问:"这样锅里的水会发生什么情况?"杨灵可馨说:"会变热。"张誉坤说:"会变水蒸气。""哇! 小朋友说的真棒! 平时你们的小眼睛一定在认真观察。"一会儿水开了,我打开锅盖,锅里冒出滚滚白色水蒸气。"孩子们,这叫蒸发。你们看加热后的水蒸发出的白色水蒸气像天空中的什么?""白云!""棒极了!"随后我拿出锅盖,让每组的孩子去看看、摸摸锅盖上有什么? 孩子们发现了水滴:"水蒸发生成的水蒸气变冷了之后就会又变成小水滴。小雨点就是这样从空中降下来的。""孩子们想一想,大海、江河里的水是谁把它们变成云的呢?"我比划了一个大大的圆,孩子们立即想到了答案,异口同声地说:"太阳!""当云朵越飞越高,碰到了风爷爷,它们就变成了雨落下来。"我问:"水要靠谁帮忙才能变成雨呢?"孩子们自己小结到:"太阳公公和风爷爷。"通过操作演示、观察思考,孩子们自己探究出了雨点的形成。我瞟了一眼潼潼,潼潼的小眼神发出了喜悦的光,我说:"这个问题是潼潼告诉我的呢! 潼潼还知道很多很多问题的答案呢!"

　　此后,孩子们一有问题,都会去问潼潼。潼潼也愿意协调自己的步调和小朋友们保持一致了,因为他是随时提供帮助的百科全书。

　　是呀,成长本是一条漫漫长路,我们出发地不同,步调或快或慢,一开始我们的确存在不同,但走着走着我们会协调步伐,通过心与心的交流,心灵与心灵的碰撞,我们好像越来越相同了。我喜欢潼潼的不同,我更理解像潼潼一样的孩子。他们的个性、发展速度、发展状态、发展优势各不相同,但他们都拥有相同的快乐与幸福。

刘 娟

快乐运动的小精灵

在新幼,"儿童第一"价值观深深地影响了我,快乐教育哲学理念也在不断改变着我的教学实践,"自主"、"体验"、"快乐"等字眼在我的脑海里根深蒂固。跟孩子们在一起,我每天看到的是一群群快乐的小精灵在幼儿园里跳动,我的心是欣喜的,也是敬畏的。今天先从他们快乐运动的故事说起吧!

一天下午,大班的自选体育器械活动即将开始,我问他们:"你们想选哪种体育器械呢? 为什么?"这时,孩子们开始了短暂而激烈的讨论。有的说:"我想选择轮胎,因为轮胎可以滚动。"有的说:"我想选择平衡木,因为我走平衡木很厉害。"还有的说:"我想选择履带,因为可以和好多小朋友一起玩……"而星星一直眼巴巴地看着旁边的梯子,我走过去问他想玩什么。他胆怯地告诉我说:"我想玩梯子,但老师总是怕我们受伤不让玩。"看着他可怜巴巴的小眼神儿,我想:"尊重孩子,把自主选择权还给孩子的时间就应该是现在。"于是,我对着孩子们说:"操场上的器械都可以玩,去试一试,玩一玩,在保证安全的情况下,同样的器械,看看谁的玩法多,玩的更有趣?"就这些长长短短的梯子,一下子吸引了很多孩子的玩耍兴趣。

镜头一:星星一人举起竹梯,竹梯开始前后上下摆动,他不能平衡好竹梯,于是他放下了竹梯,对着其他小朋友大喊一声:"谁想和我一起抬梯子呀?"俊霖小朋友立刻跑了过来,对着他说:"我是大力士,我来。"两人抬起梯子的两端,大步向前走。走了一段距离后,又来了一群小朋友跟他们一起抬着梯子,我问他们:"你们在干什么呀?"他们回答我说:"我们在玩蚂蚁搬西瓜呢!"

镜头二:云云把梯子放在地上,正准备走上竹梯。佑佑跑过来说:"加几个轮胎,把它变成跷跷板。"云云接受了他的意见,在梯子的中间放了两个轮胎。两人玩起了跷跷板来。

镜头三:琰琰把梯子的一端放在油漆桶上,另外一端放在地上,想通过梯子爬到油漆桶上。舒舒、未未、晨希走到她跟前说:"你小心一点,我们帮你扶着,这样更安全。"

还有一些孩子用梯子玩螃蟹爬、跳格子、过小河、走平衡木……他们玩得真是不亦乐乎。

看着孩子们自由探索出梯子的多种玩法,并乐在其中,我在思考:梯子是成人生活中一种常见的日用工具,也是一种很有挑战性的户外体育器械,可是作为孩子的体育器械,教师常常谨小慎微,害怕孩子掌握不好平衡而摔跤,害怕因其硬硬的表面划破孩子的皮肤……因此有了种种的理由限制孩子自由选择的机会。可是现实中孩子们对它的兴趣非常浓厚,而且紧密联系生活经验,做各种假想的游戏,面对不安全因素,也会想办法解决,自主进行安全的游戏。因此,安全教育的良方不是为孩子排除各种危险,而是让孩子在多种体验中获得自我保护的技能,并在其中享受躲避危险的成就感。

同时,我也在思考如何利用梯子在体育活动中促进孩子们的走、跑、跳、投掷、钻爬等大肌肉动作发展? 如何促进孩子们的小肌肉群和手眼配合协调以及动作灵活协调呢? 如何促进幼儿骨骼肌肉发育,锻炼运动技能及技巧,增强幼儿体能呢? 于是,我和另一位老师分工,我召集玩梯子的孩子们,开始了下一轮游戏升级的讨论。

"孩子们,刚才你们玩梯子玩出了好多新花样,有走的、有跳空格的、有爬的等等。老师为你们有这么多的创意和想法点赞。那竹梯还能玩更有挑战的游戏吗?"孩子们开始七嘴八舌地讨论了起来。这时,园长妈妈过来巡视孩子们的活动情况,我灵机一动,大声地告诉他们:"宝贝们,刚才园长妈妈给我说,小兔在河对面的围墙上下不来了(我指着围墙上高高的小兔子玩具),需要你们变成消防员救它回来,你们能利用竹梯和其他器械帮助它吗?试一试吧!"我的问题一出,孩子们开始忙碌起来,他们有的选择起长短、大小不一的竹梯,有的选择轮胎,有的当指挥,有的拿材料,有的在商量想办法。

朵朵说:"我们可以选择轮胎当桥墩,竹梯当桥面。"星星说:"桥面没有木板,只能做'平梯'。"孜孜说:"没关系,我们可以双手抓住平梯一步一步向前移。"最后他们选择了油漆桶当桥墩,竹梯当桥面。过桥时,婷婷说:"这个桥太高啦,我不敢走。"浩浩说:"婷婷不怕,我们给你加油,我们在下面保护你。"婷婷手劲儿不足,走了一半便滑了下来了,星星和朵朵马上抬着竹梯过来,说:"婷婷快到担架上来,我们抬你去保健室。"瑞瑞等几个小朋友选择较小的竹梯,每人两根,夹在腋下,踩在竹梯的较高处,加长自己的腿,因为还不能很好地掌握平衡,走两步便停一下,她还高兴地大声地跟其他小朋友打着招呼:"看,我腿长,这样也可以过河。"到了围墙下,孩子们将竹梯驾在围墙上,爬上去,成功地救下了小兔。孩子们获得成功后,都高兴地跑过来围着我说:"老师,我们把小兔救下来了,我们把小兔救下来了⋯⋯耶耶耶!"

在孩子们玩梯子游戏的过程中,我不仅看到了孩子们运动能力的发展,我也看到了孩子们身上优秀的品质,他们乐于小组合作去搭桥,有的献计献策出主意,有的合伙搭建显身手⋯⋯当有人遇到困难时,他们也能伸出援手,帮助其他人解决困难,他们身上与同伴合作协商、坚持、勇敢的正能量让我感动。整个活动中,孩子们探索的热情很高,任务完成后,围着老师快乐地转圈,哈哈大笑,就像一群快乐的小精灵一样。

这次活动,我打破了幼儿单一游戏的局限性,充分挖掘幼儿的想象潜能,引导幼儿充分想象,利用梯子进行多种身体动作尝试,采用同伴分享,团队合作形式组织体育活动。为让幼儿快乐进行体育活动,愉快地锻炼身体,我深入挖掘材料,力求一物多玩;注重幼儿发展的差异,材料选择适宜;同伴互助,突出重点;鼓励幼儿自主挑战,引导幼儿自主探索,激发幼儿内在驱动力,运用已有的经验获得新经验,提高他们挑战新事物的全面能力。

"儿童第一"的价值观使我相信孩子身上有着无穷无尽的探索欲、创造力和合作力。教师只要充分发挥幼儿的自主性、主导性,让他们在自主选择的活动中以体行之,以身验之,享受快乐体育的乐趣,在快乐运动中促进幼儿身心和谐发展。

我开心地看着这一群快乐的小精灵们,我喜欢他们的无拘无束、无忧无虑。我真诚地希望他们能一直这样快乐下去,从幼儿园开始,从快乐体育开始,向着健康成长快乐出发!

李 丽

"小懒虫"快乐蜕变

天 使 之 烦 恼

每个孩子都是美丽的天使,每个孩子都是世界上独一无二的生命。

她是三岁多的鑫鑫,在幼儿园,有片小小的世界只属于她。那个只有她的世界里,她可以我行我素,自由而美好。

她不喜欢说话,只想做个安静的小天使。晨间区角活动的时候,她可以站在美工区的柜子边一个人玩很久。她喜欢和扣子玩,把它们拼成各种各样的形状,一会变成毛毛虫,一会变成蜗牛。她喜欢和超轻黏土玩,想怎么搓就怎么搓,想怎么按就怎么按。她也喜欢一个人在建构区玩。有时她会拿来一块塑料积木当床,把小猪放在上面哄它睡觉……有时候她也可以发呆很久,什么也不做就坐在那里看着其他小朋友玩。

她不喜欢动,只想做一个自在的小天使,可是往往不得自由。早操时间,她最喜欢站在最角落的位置,我拉她钻山洞,她挣扎着不愿意,但是在我的极力"帮助"中委屈顺从。当我弹着美妙的音乐提醒女孩子去盥洗,她还沉浸在自我的世界里,经常是小朋友一起大喊她的名字,她才意识过来,然后慢慢地起身去盥洗室。当小朋友依次端午餐,我一遍又一遍地提醒:没有拿到饭的小朋友快上来端饭。可是她坐在那里一直等,期待老师像妈妈一样帮她端过来。终于有一天，我忍不住了，嘴巴里不假思索冒出："鑫鑫，你这个小懒虫，快来端饭，自己的事情自己做！"

时间久了，她就有了一个新的名字"小懒虫"。当她在集体活动中无动于衷的时候，总有小朋友破口而出叫她"小懒虫"。每次听到这个称呼她都会皱着眉头，撇着小嘴巴，狠狠地发出生气的"哼"来表达不满。有一段时间，她早上来幼儿园，哭哭啼啼不愿跟妈妈道别，在教室门口也不愿进门，或者用很小的声音地喊"老师好"。

我突然意识到，"小懒虫"的"帽子"给敏感脆弱的鑫鑫带来了心理阴影，鑫鑫自我快乐的小世界被老师和小朋友嘴巴中的"小懒虫"彻底击碎了。语言是看不见硝烟的武器，成人一句无意识的话很可能被孩子记在心里并且产生很强的心理暗示。曾几何时，我们总是用一贯的标准去评价孩子，通过一个动作、一个细节，就对孩子轻易下某种结论，就像商品被贴上了某种标签，产生了刻板印象。我只看到她被动性与依赖性强的个性，却忽视了她在不善交往的环境中胆怯与敏感的心理，我为自己随随便便的一句话伤害了孩子而深深自责。我想弥补她，走进她，牵引她融入集体，走向更快乐美好的生活！

天 使 之 改 变

鑫鑫不喜欢主动与老师互动，我就主动找她说话。哪天她梳了漂亮的发型，戴了漂亮的发卡，我就走来过夸夸她，"你的小兔子发卡真漂亮，你戴着真好看"，她有点自豪地小声嘟囔着说说"我妈妈给我买的"。午睡时我提醒她"不要趴着睡，要不压着脸会不漂亮了"，我帮她挪动胖胖的身体调整睡姿。起床后，她找不到凳子，无奈地站在那里，我用手指了指最后靠墙的椅子……我始终相信我给予她的，她就会以某种方式回馈我。

一次玩娱乐游戏《抢椅子》，当我示范玩法后，几个孩子毛遂自荐,把手举得高高的。当有一半的孩子玩过后,我看到鑫鑫她正笑眯眯地看着别人玩,她身体前倾。我请她来,她又表现得有些不情愿。这时保育贾老师顺势拉着她说"我和你一起玩",鑫鑫毫不在意地被贾老师牵着手,跟着音乐围着椅子转起来,当音乐停时,贾老师帮助她抢到了一个位置,成功感使她油然而生。第二轮游戏,她竟然主动站起来,身体向前倾,笑眯眯看着我,我懂她的意思,她还想参加。此刻我是欣喜的又是兴奋的,她竟然主动用身体表达她的需要了,这不正是她和其他小朋友深入互动的好时机吗? 我决定帮助她乘胜而上。我邀请她参加第二轮游戏,不过这一次为了避免她抢不到椅子的尴尬和挫败感,我将规则有所调整,"音乐停止的时候,小朋友可以分享一起坐椅子"。随着音乐的终止,意料之中她没有抢到位置,她跺脚,嘴巴发出"哼"的声音,她为自己没抢到椅子而生气,但是一旁的凡凡主动朝旁边挪了挪,腾出一小空地儿,邀请她一起坐,她没有拒绝地挤着坐了下来,和旁边的凡凡对视的一瞬间,她腼腆地笑了,她感受到得到同伴友好的相助那是多么温暖、多么美好、多么快乐的事啊!

　　游戏是孩子的天性,游戏让孩子充分地释放自我,我相信鑫鑫身上也有充满活力的游戏精神,只是内敛的个性使她不习惯被别人关注,也不喜欢关注别人。在愉悦快乐的集体游戏中,我试图将鑫鑫带进平等友爱的集体中,让她感受集体游戏的快乐和同伴互动的爱。刚开始她总是扭扭捏捏,不敢参与,多少回我积极鼓励、巧妙引导,内敛而害羞的鑫鑫终于勇敢地破茧而出,敞开自我,接纳自己,迈出勇敢的第一步。在接纳同伴和老师这个过程中,鑫鑫虽然还不够主动,但我却惊喜地发现不是她懒,不爱运动,她只是小心翼翼地,不知道如何和小朋友、老师互动交往,她需要的是老师的不断鼓励和亲自尝试体验的机会,来增加自信心,她也在渴望拉近和小朋友间的距离,感受小朋友间纯真的友谊。后来,我们班女孩子就有了约定:如果发现鑫鑫没听从老师的招呼,就轻轻拉着她的手一起去端饭、如厕等。

天 使 之 成 长

随着鑫鑫慢慢地融入班集体,被越来越多的小朋友关注,她的存在感也越来越强,"小懒虫"的标签在她身上慢慢地淡化,她的优点越来越凸显,吃饭时总是干干净净,折餐巾时总是慢条斯理,整整齐齐。我和其他老师商量多提供机会,让她多为大家服务。她很乐意被选为值日生,为小朋友们折餐巾、端饭。以前鑫鑫总是端了饭自己就吃,从来不管别人,后来我提醒她:他们都是你的好朋友,他们还没有饭呢!后来,鑫鑫也会主动给其他小朋友端饭了。这是她接纳、关心别人的愉悦表现,也是她融入集体和伙伴中可喜的成长。

我常常在想,孩子的快乐到底在哪里?个性张扬的孩子像夏天一样火热,往往轻易释放着自己的能量,展现自己的活泼开朗。而个性内敛的孩子呢?他们像秋天一样沉稳,内心却是丰富而细腻的。一个眼神,一个微笑,一个抚摸,一句搭讪或许就是明媚的春光,足以温暖他们的心,让他们感受到被关心、被接纳、被认同、被需要,萌发出自己是集体的一部分的归属感,从而激发出勇敢、积极向上、热爱集体并乐于参与集体活动等优良品质,这比纯粹的自我沉醉更令他们快乐。

鑫鑫的故事还没有讲完,六一就到了,在节目表演中,她还和妈妈大胆上台走秀表演葫芦娃,一点都不怯场,我居然不敢相信她竟然有这么大的转变。你看,鑫鑫不是懒吧,鑫鑫的故事让我坚信每个孩子都是快乐的天使,他们内心都有自己的快乐,即使个性内敛的孩子也会像向日葵一样快乐地向阳生长,努力做最好的自己。

张小巧

天使快乐寻求记

遇见不快乐的天使

　　小恩是小班下期才进入我们班的,当时她刚满 3 岁。第一次看到她,矮矮的、胖胖的,走路有些左右摇晃。当天是爸爸送她来的,爸爸陪她待了半个多小时都没有离开。晨间活动快结束时我试图让爸爸离开,但小恩表现出明显的不舍。爸爸牵着她到教室外沟通了一会儿,小恩才依依不舍地挥别爸爸回到教室。之后的几天都是外婆接送小恩,进教室后她不哭闹,但也不参与活动,一个人走来走去地观望其他孩子的活动。我走近她,听到她嘟囔着"不好玩,幼儿园一点也不好玩"。我带她去活动区玩,但她似乎并没有兴趣,也不与其他孩子玩耍。看着小恩不开心的样子,我很想帮助她,希望她能感受到幼儿园生活的快乐。

　　接着我对小恩进行了持续的观察,我发现小恩的平衡能力较差,如不能身体平稳地双脚连续向前跳;不能较好地沿直线走、走平衡木不稳等;手的灵活度也不够,不能熟练地使用勺子,加上进餐时常常左右张望,导致速度较慢,经常是最后吃完的一个。中途插班又缺乏主动交往的意识,各方面能力较弱等原因也导致小恩在融入集体上出现了困难,在幼儿园各项活动中也常常处于游离状态。

　　每个孩子都是快乐的天使。而此时的小恩为什么会不快乐呢？我迫切地希望找到原因。

家庭为天使蓄能

帮助孩子适应幼儿园的根本之道应该是提升孩子的安全感，而最初的安全感来自于家庭。我意识到需要深入地了解小恩的家庭情况，于是通过网络与小恩妈妈进行了第一次沟通。我描述了小恩的情况及她与同龄孩子发育上的差距，希望孩子妈妈能引起重视并加强与幼儿园的配合。半个月后，小恩妈妈主动到幼儿园找到我，向我介绍了小恩的家庭情况：小恩的爸爸在外地工作，几个月才回来一次；妈妈是教师兼任行政职务，工作很忙；平时由外婆接送，而外婆的兴趣比较广泛，所以接送都很匆忙，会不停地催促。妈妈其实很早就发现小恩的运动能力较弱，反应较慢，也猜想到她融入集体会比较困难。但爸爸却认为小恩很正常，不认同妈妈将其与其他孩子进行比较。谈到家庭的困难及自己在协调时遇到的问题，小恩妈妈几经哽咽，我也感受到小恩妈妈对小恩的爱与无奈。临别时，小恩妈妈拜托我给孩子爸爸打电话告知小恩在园的情况，希望能引起爸爸对问题的重视。当大我与小恩爸爸进行了电话交流，小恩爸爸向我表达说小恩是他们夫妻的希望，小恩是快乐的，他们才会是幸福的。

与父母沟通后，小恩的养育环境很快发生了变化：从出生到2岁时照顾小恩的婆婆回来接送并负责日常照料；爸爸每半个月飞回来陪伴小恩过周末；妈妈日常也尽量抽出时间来陪伴小恩，还不定时来幼儿园与老师沟通交流；为了帮助小恩更好地融入集体和小伙伴，小恩妈妈还利用自己的专业所长来班上给孩子们讲绘本故事、组织游戏等。渐渐地，小恩与同伴的交往变多了，也能开开心心地上幼儿园了。

提升安全感最基本的方式就是让孩子从小感受到父母无条件的接纳和爱，确信自己随时都是被爱的。3岁以前父母及家人要帮助孩子建立起安全型的依恋关系。如果这方面有缺失，一定要想办法及早地弥补起来。唯有这样，孩子才能更好地走入群体，建立起对他人和环境的信任。

合力为天使展翼

每个人都生活在集体之内，每个孩子的成长除了受自己父母和家庭影响之外，也受他人和环境的影响。为了帮助小恩，班级三位老师经常一起讨论如何帮助小恩更好地融入集体及补齐她的短板。在晨间接待时，老师会更加主动热情地迎接小恩，并邀请班上的哥哥姐姐带着小恩一起玩，让她感受到与同伴玩耍的愉快。在平等友爱的氛围里，渐渐地一些孩子会主动来照顾小恩，玩耍时牵着她，排队时让她站在前面，在发生矛盾时也会有孩子说："小恩是妹妹，我们要让让她。"

半学期过去了，小恩已经适应了幼儿园的生活，但我发现很难看到小恩主动展示的身影，很少听到小恩主动表达的声音。一天，小恩妈妈告诉我，昨晚小恩做感统动作训练，无论怎么努力也达不到妈妈要求的标准时，小恩哭着对妈妈说："妈妈，我想做，但做不了。"当晚睡着时小恩都还在抽泣。此事，让我和小恩妈妈开始了自我反思。

小恩为什么会不快乐、不自信呢？著名德国哲学家康德说："快乐就是我们的需求得到了满足。"马斯洛的需求层次理论也为我们追寻孩子快乐的奥秘打开了一扇窗。孩子的快乐并不止于吃喝拉撒睡等生理需要的满足，更是追求心灵的满足与精神的愉悦。而之前我们的眼里只有小恩的不足，在所谓的"为她好"的严格要求下，我们似乎已变得急功近利而忽视了教育的本真。如果我们只是想把她变得和其他孩子一样，那么我们就看不到真实的小恩了。教育不是应当尊重差异吗？每朵花不会同时开放，同种花在不同的环境下开放的时间也不一样呀。

相信花儿总会开放,而小恩这朵"花"只是需要一个适当的时机绽放的。正巧最近班里在排练中秋节的展示节目,能不能为小恩设计一个角色呢?我和配班老师商量后,根据童谣《月姐姐》里的"娃娃牵手同玩耍,转个圈儿眼昏花,一不留神摔地下,连声喊痛叫妈妈。"设计了两个娃娃一同玩耍的表演情景,让小恩来扮演其中的一个小娃娃。正式演出时,小恩可爱的样子和情态可掬的表演赢得了观众们的喝彩。当家长和老师们夸奖小恩表演得好时,我看见了小恩灿烂又自信的笑容,那一刻我感到世界都明媚了,更感受到小恩的快乐带给我的幸福。小恩的爸爸妈妈和我一样激动不已,小恩爸爸跟我反馈说,看完了表演他热泪盈眶,感受到小恩的进步非常明显,超过了他们的预期。

在帮助小恩找到自信,找回快乐后,渐渐地,我和她妈妈的视角及交流内容也开始有了变化。小恩妈妈:"小恩画画时色彩运用很丰富、大胆,还跟我讲述了画面所表达的内容,我觉得她很有思想耶。我计划为她办个人画展,邀请小朋友们来参加……"我:"小恩今天主动要求担任午睡管理员,她也有帮助、管理他人的愿望了……"

我们对小恩的支持和帮助也更有针对性了。我查阅书籍积极寻找相关的资源,与小恩父母一起找到了专业机构。妈妈给小恩报了运动馆和轮滑班以增加小恩的运动及平衡训练;我联系重庆师范大学感知觉及动作评估的老师对小恩进行了测评,并给出了相应的训练计划。有空时我还带上家人一起陪小恩运动……

大班毕业前,我和小恩的家长讨论小恩是上学前班还是再读一年大班。小恩妈妈是小学老师更倾向于让小恩进学前班以适应小学的生活。我则是从进一步提升小恩自信心的角度建议再读一年大班。快开学前见到小恩,妈妈让她自己告诉我她的决定。小恩认真地告诉我,因为她自己还没准备好,所以决定再读一年幼儿园。我被小恩纯真的眼神和认真的言语感动了,感受到她对自我成长的认知与责任感。

谢谢你,小恩!在帮助你寻找快乐的过程中,我们懂得了真正的快乐来源于自我成长的满足,我们学会了顺应与等待;我们明白了爱不是为了改变我们所爱的人,而是要给他们提供条件,让他们蓬勃发展……亲爱的小恩,是你用你的快乐改变了我们,让我们在陪伴你成长的过程中也收获了自我成长的幸福!

张文昕

第三章
向着快乐出发是教育的最美姿态

柳枝吐春芽,万物竞舒展,是春天最美的姿态;骄阳直射,皓月当空,光辉交映,是日月最美的姿态;向着快乐出发,舒展而温暖地成长,是教育最美的姿态。快乐就像一扇门,推开它,满是阳光、鲜花和生机。因此,我们要向着快乐出发。每一个生命都像大自然的花草树木一样不断地拔节、生长,呈现出它本该有的舒展姿态,这个姿态自然、和谐、美丽。

柳枝吐春芽,万物竞舒展,是春天最美的姿态;骄阳直射,皓月当空,光辉交映,是日月最美的姿态;向着快乐出发,舒展而温暖地成长,是教育最美的姿态。

生命的成长有其自身的特点与规律,在幼儿教师眼里,生命的生长状态应该是舒展的。"舒展"既指身体状态像大自然的花草树木一样,顺应天性,自然而自由地张开枝蔓,在大地的滋润与阳光的沐浴下,显现出自己最美的状态。每一个生命都像大自然的花草树木一样不断地拔节、生长,呈现出它本该有的舒展姿态,这个姿态自然、和谐、美丽。教育的使命无疑是遵循孩子身心发展的规律、尊重孩子自主成长的愿望、遵守立德树人的教育要求,培养他们、发展他们,让每一个孩子健康地、自主地、快乐地成长,成为更好的自己。

快乐就像一扇门,推开它,满是阳光、鲜花、生机。因此,我们要向着快乐出发。

向着快乐出发,要根植于真实的快乐生活。

我国《幼儿园教育指导纲要》(以下简称《纲要》)指出:"幼儿园教育应尊重幼儿的人格和权利,尊重幼儿身心发展的规律和学习特点,充分关注幼儿的经验,引导幼儿在生活和活动中生动、活泼、主动地学习。"幼儿的学习同幼儿园生活紧密联系,在幼儿园生活中既包含幼儿的生活、游戏、学习等丰富内容,也包括幼儿多元化的不同学习方式及学习过程。

幼儿教育是人之初教育,是基础教育的基础,幼儿的身心健康、良好习惯的养成、各种有益兴趣的激发、良好学习品质与社会性培养,与知识、技能相比则是更为重要的价值取向。幼儿园是孩子们快乐生活、游戏、学习的乐园,孩子们应享有快乐的童年。

面对天真、可爱、好奇、求知欲旺盛的孩子们,我们需要追寻幼儿教育的真谛,不断地思考:怎样成就幼儿的快乐童年? 幼儿园怎样实施快乐教育? 三年幼儿教育孩子们真正需要什么? 三年幼儿园生活的真正意义是什么? 幼儿教育究竟应该是怎样的姿态? 带着这一串串幼儿教育问题,在"儿童第一"、体验教育、快乐教育的不断探索实践中,我们的认识开始发生了变化。我们认为:教育应该努力让幼儿成为其成长的主人,让幼儿尽情舒展地成长,这应该是幼儿教育的一种美好姿态。然而,要想形成这种美好的教育姿态,其方法肯定是:让幼儿回归自己的快乐世界,让幼儿享受教育的快乐。老师们重新整理好自己的教育行囊,带着向着快乐出发寻求幼儿真实成长的初心,去成就幼儿的生活、游戏、学习真正是"我的"、"我要"、"我会"的成长姿态。

向着快乐出发,给予教师、幼儿以舒适的教育生态圈,伴随着教师、幼儿真实快乐地成长!

孩子像花儿，快乐似阳光

　　在幼儿园的操场上，孩子们无忧无虑地奔跑着，那些充满活力、天真无邪的笑声将我的思绪拉回到了半年前。那时我还是一名即将毕业的大四学生，四处奔波忙于找工作。后来经过辅导员的推荐，我应聘了一所幼儿园体育老师一职。在面试过程中，前辈们对我的肯定仿佛是一个热情的邀请，让我迫不及待地想用自己的专业为幼儿园体育教育事业作出贡献。就这样，一名体育本科生，带着激动和对未来的憧憬，我签下了人生的第一份工作，与此同时我和幼儿园孩子们的故事也开始了。

　　还记得上班的第一天，我兴奋异常，早早地来到了幼儿园。看着幼儿园里随处可见的大型玩具以及孩子们的手工作品，我在心中感叹：在这里入园的孩子一定非常快乐和幸福。第二天园长安排我观摩幼儿园优秀老师的教学活动。走进班级，我第一次尝试和孩子们打招呼，脱口而出的是"同学们，你们好！"看着小朋友们用惊恐和陌生的眼神盯着我，我慢慢感到紧张，不知道哪里出了错。后来，园长私下告诉我："在幼儿园对孩子们称呼'小朋友'会让他们觉得更加亲近。"我在心中牢牢记住，并下定决心一定要和小朋友们拉近情感距离。于是在接下来的一周里，我都尽量主动地和小朋友交流，再加上"前辈们"的帮助，我很快就成为小朋友们的大哥哥、好伙伴。我们一起玩玩具，一起谈论自己的兴趣爱好。孩子们有各种各样好玩儿的问题喜欢跑来问我，我都非常开心并认真地回答他们的问题并和他们愉快地相处着。紧接着，我也迎来了我的首次"实战训练"。

通过观摩其他老师的教育教学活动以及自己的精心准备，我满怀自信地开始了第一节篮球课。不料，我一来就发现平时熟悉的集合整队到了幼儿园竟没有这么容易——小朋友们几乎无法听懂我的口令，注意力很容易分散，对于篮球课的技术动作要求更是无法理解。一堂课下来秩序相当混乱，这给我的打击可不小。因为，不论是带训练队还是实习时上体育课，我从来没有遇到这样无法操控的情况。课后老师们给了我很多建议和鼓励，给有些泄气的我以力量。于是，我沉静下来深刻反思自己的教学活动，并根据老师们的意见上网查阅了相关资料。后来我发现，处于幼儿阶段的孩子与我实习期间相处的中学生相比，不管从身体特征还是心理特征上差别都非常大，我必须改变自己固有的教学思维和教学方式，用科学有趣的教学方式激励孩子们积极参加体育活动，并享受每一次体育课的快乐。在以后上课时，我将适宜的运动动作与运动技能融入孩子们喜欢的故事情景或游戏中，带领孩子们在不知不觉中进行体育锻炼，练好基本动作，培养他们的运动技能，让快乐体育成为孩子们的所爱、所想。

时间悄然过去，经过不断的教学和反思，我的教学水平很快得到了提升。但新的问题又随之而来——我和小朋友们日益熟络，我对他们的"掌控力"似乎也越来越力不从心。幼儿在活动中会出现哄闹、不听指令、随意和老师开玩笑的情况，这让体育活动难以正常开展。我又是哪里做错了呢？原来我和小朋友的关系太亲密，久而久之弱化了小朋友们的规则意识。长此以往，不仅无法开展教学活动，而且对小朋友们的行为规范及习惯的养成、学习专注力等诸方面发展也产生了不好的影响。我意识到其不良后果后，开始转变嘻嘻哈哈的大哥哥形象，用我印象中的"严师"形象示人，以严格的指令要求规范了孩子们的上课行为。然而这样严格的教学氛围持续一周后，情况却并没有发生好转。严厉的态度导致孩子们逐渐不满起来，有些孩子甚至出现叛逆行为，这与我原来的设想大相径庭。或许是我太急于求成，对孩子们太过严苛,打击了小朋友们对活动探索的兴趣,这让我深刻地意识到幼儿教育并没有想象中的简单。经历过这样的教学过程,我好像成为了一个"两面人",一面是和小朋友们打成一片,一起开心地玩游戏,是无所不谈的好朋友,另一面是对孩子们不苟言笑、声色俱厉、管理得非常严格的向老师。经过沉思,这时候我才稍稍明白过来,对于孩子而言,快乐才是他们学习的力量,快乐好似成长过程中的阳光,能让孩子茁壮地成长,能指引孩子们奔跑的方向。我开始尝试调整和把控师幼关系的度,既要亲切又要有要求,既要有趣味性也要有规范性。我把冰冷的规则变换为孩子们喜欢的游戏,孩子们在喜欢的游戏中开心快乐玩耍。在快乐玩耍时,我注重培养幼儿的专注力,让孩子们在专注玩耍的同时学会听懂指令,遵守规则。多么好玩的游戏教学呀,这让我自己都沉迷其中!

经过不断地反思与教学经验积累,在之后的幼儿体育活动教学中,我少了一些焦躁,多了一份耐心;少了一些严厉,多了一些鼓励,尽量做到既不能失去对孩子们言行规则的要求,也不能降低体育教学的那份趣味。我渐渐发现孩子们只有在快乐中学习,才能在快乐中成长;快乐能让孩子们专注,快乐能让孩子们探索,快乐能带给孩子们创新的意识和尝试。

幼儿园的孩子好像一朵朵小花,既娇嫩又苗壮,幼儿园的老师好像保护花朵的绿叶,呵护着花朵含苞欲放。这朵小花毕竟还太小,需要老师作为大树为她们支起厚密的树叶遮阴,我也曾知道花朵的内心向往着阳光,只有阳光照射到花朵的那一刻,花朵才能露出幸福的笑容,显露出她们自己可爱的样子。此时,阳光仿佛伸出了双手牵着花朵,指引着花朵朝着太阳竞相开放。我相信,在以后的日子里,我会将更多的阳光、更多的快乐带给孩子们,让他们向着太阳苗壮地成长!

向英昊

快乐为伴　爱育花开

古人云："亲其师，则信其道。"现实生活中，好多家长说："在孩子眼里，老师的话如同圣旨一样，说什么孩子都记在心里，并照着去做。"当一个老师成为孩子最喜欢、最信任的教育者时，我们做老师的该是多么荣光啊！我想老师的"圣旨"作用不是因为威严而是因为爱。因为爱，是一种保护，像保护荷叶上的露珠一样，小心地呵护；因为爱，是一份重视，不管是优秀的，还是普通的都如珍似宝，一视同仁；因为爱，是一种幸福，不管是孩子向你伸出手寻求帮助，还是转动脑筋去尝试后成功的笑脸，都透露出浓浓的幸福。每个孩子都是一颗奇特的种子，只要尽心照料，他们就会发芽、抽枝、展叶、开花、结果。我相信，用快乐去陪伴孩子，用爱浇灌成长，让快乐与爱相辅相成，还孩子一个五彩斑斓的世界，让快乐成为他们的伙伴，用爱培育花开，这便是我的教育梦想。同时，这也是教育最美姿态的出发点。

和中三班孩子相处的这一学期，每当清晨，迎着第一缕阳光，我最想看到的就是孩子们的身影，最想听到的就是他们的声音。我希望他们像小鸟一样唧唧喳喳地围在我身边游戏。每天我用微笑迎接每一个孩子，迎接美好的一天，我也在他们的牵引下，与他们一步一步地走进那纯真、快乐的爱的乐园。

信任的爱,让孩子成为小主人

老师的微笑是鼓励、是赞许、是宽容。对待孩子们,就像是对荷叶上的露珠一样,要小心翼翼。每天值午睡,我都很担心,我班有一个孩子,年龄偏小,有尿床习惯。刚发现时,因为很生气,我本想批评孩子,但还未开口,忽然意识到不能这样做,于是我轻轻开口,引导孩子把裤子换了。孩子虽然不是很会穿裤子,但为了让孩子体验自己的成长,体验"我会穿裤子"的喜悦,我耐心地在一旁引导,孩子自己动手完成了穿裤子的一系列动作。我表扬了他:"宝贝,你真棒!会自己换裤子了。"在这次以后,中午值午睡,孩子很相信我,就像一股力量,你在,他就安心。也正是因为这一件小小的尿床事件,孩子在其他方面也有所提升,很多事情都能自己去尝试做,他越来越有信心了。做自己的小主人。其实,指责的作用是微小而短暂的,而保护与赏识的力量却是巨大而永恒的。孩子们对老师有一种依恋心理、信任心理,他们在幼儿园里做的每一件事都希望得到老师的肯定与信任,即使是关注的一瞥、信任的点头,在他们眼里都是一种"爱",一种"保护"。老师愿意放手,孩子也会给你意想不到的惊喜,做一个"小大人"。这便是信任的姿态。

在一次户外体验活动中,孩子们在一起活动,我用手机记录下了孩子们的活动过程,回到教室后一一播放给孩子们观看。

贝贝:"老师,我发现了涵涵跑得飞起来了,你看,她头发都飞起来了。"

成成:"老师你看,岳岳在那边走来走去,没有排队。"

夕夕:"老师他们两个还在讲话,没有参加活动。还有诗雨,她跑错道了。"

我用影像记录下孩子们发现的问题,随着时间的推移,问题也越来越多……

"你们真厉害,看几张照片就发现了这么多的问题,真了不起!"我由衷地对着孩子们说。

于是,我组织孩子们进行讨论,想找出解决活动中遇到问题的办法。孩子们各抒己见,似八仙过海——各显神通,分享了他们若干解决问题的办法。最后,我们用投票的方式选出得票数最多的方法,并按照他们的新方法试行。周末放假,过了两天,我以为孩子们忘记了,结果孩子们给了我一个大大的惊喜,在下一周的活动中,孩子们比上周有了明显进步。他们互相监督,互相改进,慢慢地我们的活动变得越来越有秩序了,孩子们也越来越有规则意识了。

平等的爱,我和孩子有个约定

幸福就是你我之间无形的约定。

记得有一次绘本阅读活动,当时孩子们太吵了,有相互说话的,有玩桌布的,还有一起在玩的,完全盖过了我的声音,有些孩子想听却听不清楚,导致了课堂混乱,当时我的心情真的是很烦躁:"是我讲的不好吗? 还是孩子们不感兴趣? 我该怎么办呢?"我心里想。

突然有了主意,我佯装难过地说:"今天老师有点不开心。"

瑶瑶:"为什么呀,老师?"

"老师在班里讲绘本故事,讲的时候总有小朋友打断我,我现在还想讲故事,但又怕有的小朋友打断我,不过我知道我们班里的小朋友都很乖的,我们一起来个约定好吗? 在我讲故事的时候小朋友尽量不要打断我,如果有小朋友不小心一时兴奋又说话了,老师打个安静的暗号(食指放嘴边),你就不要讲了。我相信你们一定能做到,对吗?"

孩子们:"对。"

接下来我继续讲故事,眼睛扫了一下孩子们,情况比开始的时候好很多了,孩子们都很配合我,心领神会并安静地听我讲绘本,每个小朋友的小眼睛都直直地盯着我,个别平时爱说话的小朋友,有时忍不住开口讲话了，我把食指放在嘴边，他们立马把自己的小嘴巴捂住不说了，脸上还有不好意思的微笑。有的孩子还在犯规时，有个别小朋友还会小声地提醒，因此整个活动进行得很顺利。其实，遇到这种情况时，有时真的很迷茫。在组织活动时，总有孩子抢过你的话题，滔滔不绝地自己讲自己的，有时自己不注意，还会被孩子带偏，看着孩子们沉浸在自己的世界里，我又不忍心打断，可是不制止，就会引起其他孩子的跟风，使活动偏离了主题。我打破老师惯用的常规管理方式，采用给孩子一个简单的手势，一个细微的表情，和孩子之间建立一份信任、一个约定的方式，的确收到事半功倍的效果。在这次活动中，我与孩子一个简单的约定使我顺利地完成了活动任务，避免了孩子的不良行为，又拉近了我和孩子的距离，使活动的流程更顺畅，气氛更融洽。实践告诉我，在幼儿教育活动组织中，教师多一些小机智，孩子们就会多一些小进步。

"亲其师，信其道"是教育教学工作顺利进行的重要条件，是创造良好教学环境的重要保障。正因为如此，有良好的师生关系才能使幼儿拥有良好的情绪去面对学习。教师有良好的师德修养，学生才能"亲其师，信其道"，进而"乐其道"。"信"是双方交往的基础，是人与人之间最美丽的语言，一个信任的眼神可以让孩子们做我的"小尾巴"。守信的人是最快乐的，幸福就是你我之间无形的约定。"平等"、"信任"、"守信"就是我们的姿态。

幼儿教育道路漫长，我将以快乐为伴，坚持不断前行，做快乐守信的教育人。

和孩子们相处的每一天都是新的，和孩子们的故事每天都在上演……和孩子们在一起，我体会到孩子们成长的喜怒哀乐。在这里耕耘、在这里守巢、在这里放飞希望，作为"孩子王"的我将努力为他们撑起一片明净的天空。在这片天空中，我愿意续写和分享我和孩子们互动成长的更多动人故事。

熊雪萍

享受过程　发现独特

　　游戏区域里充满了孩子们的欢声笑语。在那儿,孩子们都选择了自己想玩的游戏器材。

　　最近,在我班的科学区域游戏角里投入了新器材——象棋。小朋友们对新器材感到新奇,不少孩子被象棋的玩法所吸引,他们玩得乐此不疲,宸宸就是其中一个。我发现他与象棋相遇后,整个人都散发着独特的魅力。而我呢? 也因他而改变了不少。

发 现 美

　　吃过早饭后,宸宸选择了科学区的象棋游戏。可一个人怎么玩呢? 于是他主动邀请其他小伙伴。"子墨,我们去下象棋吧!"宸宸对着其中一个女孩子说。"不要,我想画画!"他继续向其他伙伴发出邀请:"菱菱,你能跟我一起玩象棋吗?""可是我也想画画。"接连被拒绝,他叹了口气,然后自己坐下来,打开棋盘,摆好棋子,自己和自己下棋。他的行为引起了我的注意,我心想:"一个人下棋太无聊了,他等会儿说不定就会放弃。"可当我接待完入园的孩子后,他还坐在那儿下棋。他有这么喜欢下棋? 他下得怎么样? 我心中升起一股好奇。于是,我走向他,询问他的意见:"我和你一起下棋好不好?"他笑着点点头。说句实话,我以前没有接触过象棋,所以还不完全熟悉。宸宸主动跟我说了下象棋的规则后,我俩就开棋了。在下棋过程中,我时常问他"象要怎么走"、"炮能吃马吗"等各种问题,他都会耐心地给我讲解。当我举棋思考时,他也并没有催促我,反而也在跟我一起思考。有时他会很快地移动自己的棋子;有时他也会举棋不定,皱眉思考,还会喃喃自语道"我走哪一个棋子呢? 走炮? 不行! 不行!"很快周围围上来很多小朋友来观战,他们急不可耐地对宸宸进行指导:"宸宸,你应该这样走!""走车走车!"面对身边的喧嚣,他全然不顾,沉浸在自己的思索中。我俩就这样一步一步地下着。最后,宸宸赢了! 他与我这个门外汉博弈,一点儿也没有轻蔑或者怠慢。

我惊讶于宸宸的执着、热心、专注,惊喜于他的独立思考能力。通过这次近距离接触,他在我脑中"调皮"、"话多"的印象有所改变。我顿悟:三人行,必有我师。反之,面对孩子们很热衷的游戏,那我是不是需要加一把火呢?

创 造 美

接下来的一个星期,我利用休息时间搜集了一些关于象棋的视频资料,在集中学习时间里加入了学习象棋的内容。孩子们在了解象棋的历史后,越来越多的孩子喜欢上了下象棋,而我却没有能力进行下一步的深入指导。此时,我想到宸宸的妈妈是专业的象棋老师,于是邀请她进课堂进行授课。在互动中,孩子们提出了不少的问题。在疑惑解开后,孩子们下象棋时多了一份热爱。在这样的氛围下,我组织了一次象棋对弈。在活动中,孩子们是这样认真! 这样专注! 他们每个人的眼睛都在发亮。

在这个过程里,我发现,平日里太多关注孩子们的不足,而掩盖了他们的优点,竟忽略掉了他们那么多的闪光点。发现宸宸的经历,让我更多地去留心每一位孩子,避免他们的闪光点被我忽视掉。

享 受 过 程 美

在一次次对弈中,我发现孩子们的棋艺有了很大的提升,能通过思考来判断下一步应该怎么走,同时我也发现了新问题:有些孩子棋艺提升,棋品不佳——常常悔棋。随后通过观察孩子们在对弈中的言行举止,发现是孩子们的好胜心较重而导致他们计较输赢,所以才悔棋不断。

针对这一问题,作为教师要合理地引导孩子,让他的好胜心保持在一个合适的度上,为此,我采取了一些措施。首先,我与孩子们来一次谈心,让他们说说象棋给他们带来的感受。小朋友们都给出了自己心中的答案:我觉得跟我的朋友一起下象棋很快乐、我要打败他等。随后,我将自己的感受讲给孩子们听,引导孩子们:我们享受的是过程,不是结果。下棋是一种娱乐的方式,是要让你们感受中国象棋里的博弈之趣、沉着之态。输赢并不重要,重要的是在过程中你学到了什么,你在这个过程中是否快乐?之后,在每一次对弈中,我都会加入孩子们的下棋活动,并以身作则。当我输了后,我会说:"没关系,等我练习两天再来。"同时还会安慰孩子们:"没事,输赢不重要,这一次你输了,下一次说不定就赢了呢。"在每一次对弈后,我们都会集中分享在对弈中的趣事,让孩子们更享受于过程中的快乐。经过一段有针对性的教育,孩子们对于下棋的兴趣越来越浓厚,有时在家也会与爸爸妈妈一起对弈。他们对于结果并不过于在乎,更享受的是对弈过程中的那份快乐。

教育不仅是教书,更重要的是育人。在下象棋活动中,能暴露出孩子脾性中一些不足之处,有的好胜心强,有的耐心不足等。对此,我要引导孩子们树立正确的行为态度和方法,要让孩子们在游戏过程中学习智慧、学习处事方法、学习做人做事的优良品质。我相信,每个孩子都是不一样的个体,对每个孩子都要因材施教,在这个培养过程中,我也要去享受孩子们成长的过程,同时在这个过程中发现孩子的美,发现孩子的优点,并及时鼓励。孩子们一天天成长起来,这是一个多么美妙的过程啊!在这个美妙的过程中,我们将看到一个个快乐健康的孩子在教师的教导中闪闪发光,茁壮成长!

廖雯娅

把握课堂价值　施展教育的最美姿态

每种事物都会有一种美好的姿态，纤柔是花的姿态，挺拔是树的姿态，沉稳是山的姿态，灵动是水的姿态，宽广是大海的姿态。那么教育呢？我想教育也是有姿态的，教育的美好姿态应该是把握每一堂教学活动的质量，让儿童在活动中快乐成长。

幼儿园教学活动少则 15 分钟，多则 30 分钟。内容看似浅，实则深，上好一节活动看似轻松，实则不易。老师的每一次施教都是经过无数次对教材的分析，对儿童的了解，对儿童活动学习过程的斟酌，对儿童学习方式的精心设计，只有这样，才能游刃有余地上好每一节活动，最大限度地让儿童在活动中得以发展。

把握课堂价值的第一步：明确教学领域核心经验，呈现"最近发展区"的最美姿态。

在一次听课中，张老师根据主题《颜色蹦蹦跳》和小班幼儿数学发展核心经验，要求幼儿对器材进行颜色、大小分类。但老师发材料给幼儿后，大部分幼儿并没有按照要求以"饼干"的颜色、大小进行分类，而是在假装拿着"饼干"吃，玩起了假装游戏，老师的预设目标没有达成。活动后，我与张老师进行交流，告诉她活动中存在的问题："随着主题的深入，大部分孩子对颜色已经不陌生，对颜色和大小的分类已经掌握，孩子没有挑战性，因此对老师的活动不感兴趣。教师应调整目标，找到幼儿最近发展区，结合核心领域经验，重新预设目标。"张老师也意识到目标不适宜，课后翻阅了《数学核心经验》这本书，"3—4 岁幼儿关于集合的概念要素中要求幼儿对物体的颜色、大小、形状某一种特征进行分类",目标指向分类的一种维度。对原本的目标指向随即做了调整,随着他们数学认知的加深,幼儿对物体的大小有基本认知的基础上,张老师跟随幼儿的思维变化,把握幼儿已有的经验,设计最近发展区,把"对 3 个物体的大小差异的认知和从大到小排序"作为本次数学活动的教学目标。这样调整后,目标更具体适宜了,老师更加清楚幼儿在活动中应该获得的发展。

把握课堂价值的第二步:创设游戏化体验情景,展现教学活动趣味性的最美姿态。

一节数学活动《排排乐》,教师在活动中设计了大小不同的果树和果子,让幼儿进行大小分类。在过程中教师提供了操作卡,但很多幼儿拿着操作卡片自己玩耍,甚至有个别幼儿乱跑。在之后的环节中,幼儿一直处于被动状态,教师不停地给幼儿灌输知识。教师卖力地教,幼儿不买账。这显然是没有激发起幼儿的兴趣。

著名教育家陈鹤琴先生说过:"儿童以游戏为生命,游戏具有种种教育作用。儿童既然喜欢游戏,我们就可以利用游戏活动来支配他们,养成他们的学习习惯,使智力和非智力品质得到协调发展。"由此可见,设置游戏化情景对上好一节教育活动的重要性。在我的点拨下,张老师及时调整了活动策略,改为让幼儿排成小火车去摘果子、运果子,用"果子的旅行"游戏情景贯穿整节活动。在幼儿充分感知了大、中、小的大小差异后,老师放手让幼儿进行自主探索,尝试排序,接着教师及时总结幼儿的经验,让幼儿获得知识点的提升,以此延伸到给生活中的物品进行排序。在整个活动中幼儿都很感兴趣,他们积极参与并乐于与同伴互动。他们在活动中是主动、愉悦地学习的。

把握课堂价值的第三步:巧用生活化材料,体现教学活动更具本真的最美姿态。

在安全教育活动《插线板的秘密》设计中,有通电的体验,但杨老师出于对幼儿安全的考虑,一直在纠结是否为幼儿提供真实的材料（小台灯、小风扇、吹风机等小家电），为此杨老师来询问我的意见。我对杨老师说道："材料是教学活动的载体，它本身的特性及由这些特性所规定的活动方式往往决定着幼儿获得知识的多少。真实的材料更能激发幼儿探索的兴趣，我们所要做的是在活动中交给幼儿正确的使用方法，避免安全事故的发生。"杨老师大胆地尝试投入了大量的真实小家电材料。课后，得到杨老师的反馈：幼儿在真实材料操作中兴趣浓厚，安静、专注，获得了能力和经验的提升。

哲学家雅斯贝尔斯说：教育意味着一棵树摇动另一棵树，一朵云推动另一朵云，一个灵魂唤醒另一个灵魂。课堂是教学的重要形式，是体现教师个人魅力的舞台。一名优秀的教师，应该努力把握好课堂价值，让教育呈现最美的姿态，让孩子展示最美的姿态。

徐甜甜

向着快乐 走向自律

　　教育不是控制,因为"控制"的后果是让孩子与你相背而行,最终孩子不快乐,老师也不快乐。教育不是一味顺从,因为"一味顺从"的后果是孩子眼里没有规则,最终孩子傻乐,教师焦虑。教育的本质是尊重,因为那样会让孩子以安定的状态投入其中的。教育是诱导,因为那样会激发孩子的兴趣和想象力,最终让孩子和老师都有快乐的体验。

　　班上的孩子每天最高兴的事情之一就是听故事。

　　一天下午在吃点心的时间里,我给孩子们读了一本绘本,书名叫做《奥莉薇拯救马戏团》。这一次奥莉薇在马戏团里大展身手:无论是走钢丝的惊险,耍球的利落,还是跳蹦床的此起彼伏,她总是勇往直前……因此拯救了整个马戏团。这是关于一只可爱小猪的异想世界。孩子们听得很安静,眼睛一直盯着画面,脸上时而会有经历惊险后舒展的笑容。师幼共读后,孩子们一个劲儿地鼓掌。"你们觉得这个故事里哪儿最有趣?"我想听听孩子们的想法。"我喜欢奥莉薇走钢丝!""对!我也喜欢奥莉薇走钢丝!""她不会摔下来!"……孩子们表达着自己的感受。

　　等孩子们全部吃完点心、做好整理后,我们就要到户外去游戏了。既然孩子们这么喜欢绘本中奥莉薇的表演,那我们为什么不变身成奥莉薇来玩一玩呢?

　　"巴拉巴拉,变!"我举起手臂,五指合拢握成拳,然后伸出食指对着天空,转动着手腕,眼睛看着幼儿,接着嘴里念着咒语——

"变成奥莉薇!"孩子们眼睛睁得大大的,嘴咧着笑。"我们一起去马戏团吧!"我对着"奥莉薇们"说。"我要走钢丝!""涵涵奥莉薇"回应。"钢丝在哪里呢?"我追问。"在那里! 在那里!""铭铭奥莉薇"指着木地板上的缝隙说道。"那我们一起去走钢丝?"我笑着提议。没想到一群"奥莉薇"快快地一个接着一个站到了木地板的"线"上,然后双手侧平举,脚掌沿着"线"前进。走过了木地板,我们来到没有"线"上的操场。我回头看着一个接着一个的"奥莉薇"依然在小心翼翼地走着,生怕掉到"钢丝"的"下面"去。当我们走到了操场的另一头准备站着休息一会时,我看见刚上完厕所才走出教室的惟恩,只见她双手侧平举,一直沿着我们的路线一步一步向我们走来。而站着的这群"奥莉薇"向正在进行"钢丝表演"的"惟恩奥莉薇"不断地呼喊着"加油!""加油!"

看着这一幕,我被孩子们的行为惊到了,我惊讶于孩子们的想象力。当孩子们在扮演"奥莉薇走钢丝"时,他们极为自然地把地板间的缝隙当作钢丝,他们沿着地板缝隙小心翼翼地、一个接着一个地走着。他们的行为代替了老师所要求的讲规则、守秩序,连最后一位出门的"奥莉薇"也坚持通过"走钢丝"到达目的地。她出来的时候显然是比其他伙伴慢了,但她没有选择飞奔跑向我们,而是很自然地用"奥莉薇"的角色入戏,坚持通过"走钢丝"一步一步地走向我们。到达终点的这群"奥莉薇"是愉快的、有耐心的,他们站在原地等待最后一位到达者,他们主动、热烈地为最后一位"奥莉薇"加油呐喊。

当全部"奥莉薇"都到达目的地后,我们开始了各种大型玩具的自主游戏。孩子们脸上的笑容是那么灿烂,走在地面上的步伐是那么欢快,攀爬下滑时是那么专注! 瞬间,我内心甭提有多么喜悦,多么舒适! 我情不自禁地想要投入孩子们的游戏中,痛快地体验一回自由与秩序的美感与快乐。谁能想到源自我的一个诱导活动,孩子们却能在从教室出发到操场目的地这段距离里有这么一次有趣的体验,生发出这么一个有趣的故事! 我由衷感到:孩子们实在太可爱了!

当然,在和孩子们相处的时光里,偶尔也会有一缕让人不好受的青烟飘过。比如在每周一升旗仪式时,随着仪式的进行,有的幼儿为了看得更清楚,慢慢地就站在了队伍外面;有的幼儿开始讲话;有的幼儿蹲在了地上。我走到孩子们的队伍中去,维持了几次秩序,在每次提醒孩子们后,队列能整齐一会儿,但是一会又歪歪扭扭了。小班幼儿的注意时间比较短,再加上处于户外的环境中,无意识注意更显得尤为突出,所以要一直保持站队整齐更是有一件有难度的事情。再说,越是站在仪式队伍靠后面的孩子队形越不容易整齐。然而,升旗仪式是爱国主义教育的重要形式之一,培养孩子有意识地列队站好,保持庄严感、神圣感是非常有必要的。

好动是幼儿的天性,好奇是幼儿的本能,游戏是幼儿最好的学习方式。我想到了我们扮演"奥莉薇走钢丝"的愉快体验。我想:为何不用游戏来解决这一问题呢?让游戏帮助幼儿逐渐自律——让幼儿在升旗仪式的长长列队中能保持站姿和良好的情绪而克服曾经的自由、散漫、不守秩序!

在后一周的升旗仪式开始前,我在地面上画了三条直线。"哇!奥莉薇们,快看,你们的脚下有钢丝耶!我们来比一比,看谁在钢丝上站着不动,保持的时间最久。好不好?"我一边用手指了指地面的三条线,一边鼓动着孩子们。"奥莉薇们"显然是乐意的,一个个马上调整队列站姿。每当在队伍开始出现歪歪扭扭情况的时候,我对着"奥莉薇们"提醒:"小心哦,奥莉薇,别从钢丝上掉下来了哦!"接着,一个个"奥莉薇"看着地上的线,马上调整自己的双脚。就这样,这次我们用游戏的方式实现了保持列队整齐。后来,每次我们都用这个方法,让升旗仪式的列队常规自然形成,越来越好。

教育需要尊重,教育需要引导,教育需要智慧,需要经验的迁移。从故事入手,以角色入戏,在演绎中想象和自律,这不失为一种快乐的体验。

黄朝琴

点名游戏欢乐多

在每一个小小的世界里，都装着一个完整的小人，他们有着自己的喜怒哀乐。作为成人，要学会尊重这些完整的小人们的喜怒哀乐。

餐前孩子们喜欢玩"点名"的小游戏：被老师点到名的小朋友要和大家分享一件快乐的事情。第一次玩这个游戏时，宝贝们都很激动，都用期待的眼神盯着我。有的宝贝在小声地算着还有多久才轮到自己，还有的忍不住小声说："快点到我！快点到我！"而每个被点到名的宝贝都激动地分享自己快乐的事情。

点名小游戏又一次开始了，点到佳佳的时候，他摇摇头、压着嗓子说："我没有快乐的事情。"听到他的话，正和孩子们沉浸在分享快乐中的我愣住了。

"我没有快乐的事情。"听到这句话之前，我心里一直觉得孩子们小小的世界里一定都是快乐的事情，虽然偶尔他们也会发脾气，也会哭闹，也会掉眼泪。可一听到佳佳这句话后，我突然明白：喜怒哀乐原本就是人的情感，对于小小的孩子，他们小小的世界里为什么不能有不快乐的事情呢？

听到佳佳这句话的同时，又有孩子开始附和道——

"我也没有快乐的事情了！""我有件很生气的事情！""我有件伤心的事情！""我也有！"……

孩子们完全脱离了"分享快乐的事情"的游戏方向，他们开始拒绝继续分享快乐事情的游戏。停顿了大约一分钟后，我笑着示意孩子们安静下来,接着我给了孩子们一个提议:"那我们也分享一下让我们不快乐的事情吧!你把不快乐说出来,让大家一起来帮帮你把不快乐赶走,好吗?"

"好!""太好了!"就在这一刻,我感觉到孩子们的氛围好像突然更放松了,更像孩子们自己了。孩子们重新又像第一次玩点名游戏一样大声地回应着我。

就这样,在后来的点名游戏里,孩子们可以分享到自己快乐的事情,也可以把不快乐的事情分享给大家。在分享不快乐的事情时,大家还会为小伙伴出主意,把不开心变成开心,其实,帮助别人也是一件开心的事情。同时我惊喜地发现:孩子们更愿意参与,更愿意安静地倾听别人说话了。

"点名游戏"就这样从中班延续到了大班,孩子们在每次游戏里都会很积极地参与分享,即使不愿意分享的孩子也会自信而从容地告诉大家:"我今天没有事情要分享,下次我再分享吧!"

英国著名教育家洛克说:"健康之精神寓于健康之身体,这是对于人世幸福的一种简短而充分的描绘。"我们知道,健康还包括情绪的健康,愉快的情绪是孩子们健康的重要指标之一。在"点名游戏"中,我及时地将游戏规则改变,从幼儿的实际生活出发,以幼儿为主体,给了孩子积极正面抒发自己情绪的引导,从而促进孩子愉快情绪的建立。

在《3—6岁儿童学习与发展指南》的"教育建议"中提到:成人和幼儿一起谈论自己高兴或生气的事,鼓励幼儿与人分享自己的情绪。此外,成人应允许幼儿表达自己的情绪,并给予适当的引导,帮助他们化解消极情绪。"点名游戏"中,我们透过这些特别的分享发现在孩子们小小的世界里,也同样存在着各种各样的小情绪。有快乐,也有不快乐。作为成人,我们应该站在他们的世界里,蹲下来和他们一起看他们的世界,为他们打开一扇窗,帮助他们把不快乐赶走,装进更多的快乐。

在儿童学习与发展过程中,五大领域相辅相成地在共同促进孩子在体、智、德、美等各方面协调发展。在"点名游戏"的规则变化过程中,我发现游戏在促进孩子健康情绪养成的同时,也促进孩子的语言能力发展——情绪的分享,可以让孩子们在群体中能有意识地听与自己有关的信息,能注意听他人讲话;同时促进他们与人交谈,选择谈论自己感兴趣的话题,愿意与他人讨论问题,并且大胆地在众人面前说话,同时也慢慢能有序、连贯、清楚地讲述一件事情。在分享的同时懂得按次序轮流讲话,而不随意打断别人。

"点名游戏"也让我看到孩子们在语言方面的变化,这个小游戏让我们有足够的时间一起交流讨论孩子们感兴趣的话题,有足够的时间一起分享自己身边的事情,有足够的时间一起来听取他们自己的意见和建议,孩子们从中体验到语言交流的乐趣,自然孩子们就变成了会安静听,会大胆表达的孩子。

此外,我还发现孩子们在与同伴交往的过程中,也发生了一些变化——他们会喜欢和小朋友一起游戏,结交更多的小伙伴;常常会与同伴、老师分享身边发生的事情;遇到高兴的事情、有趣的事情也愿意与大家一起分享;在与同伴有冲突的时候,能尝试自己协商解决;不少家长也反馈到孩子们很喜欢和父母聊天,有什么事情都愿意告诉大人……

我发现主动亲近和关心幼儿,经常和他们一起游戏,可以让孩子们感受到与成人交往的快乐,可以建立亲密的师幼关系;创造更多交往的机会,让孩子们体会到交往的快乐……

"点名游戏"中,我和孩子们站在同一个世界里,我们可以互相分享着生活中的快乐和不快乐,孩子们还可以互相帮忙解决遇到的问题,得到快乐。

我愿和孩子们一起,分享小小世界的喜怒哀乐,陪伴着他们健康快乐地成长!

魏 璨

有个性的成长是孩子最美的模样

良好的班级常规，一群活泼可爱的孩子，三位配合默契的老师，这些是形成一个快乐的幼儿园班级体的重要因素。每一位幼儿园老师都想自己能在这样的班级体里工作，但是事实并非如此，活泼可爱的孩子们都是一个个独立的人、独立的个体，有着独立的思维和独立的个性。

《3—6岁儿童学习与发展指南》明确指出："关注幼儿学习与发展的整体性，尊重幼儿发展的个体差异，要把握幼儿发展的阶段性特征，又要充分理解和尊重孩子发展中的个别差异。"

在"儿童第一"的教育思想引导下，作为一线的教师既要关注整体孩子的发展水平，又要有针对性地进行个别指导。

"不合群"的孩子真的不合群吗？

在我的班上有个这样的小女孩，她平时做什么事情所表现出来的状态都是小心翼翼的，常看见她一个人独自玩耍的身影。她是真不愿意和其他小朋友们一起玩耍吗？如果有小朋友主动邀请她，她还是可以和大家玩得很开心的。

一次分享百宝箱的活动中，琪琪和往常一样，一个人慢慢地走过去拿了百宝箱选了靠床的角落玩耍。她打开自己的百宝箱，只拿出了一个玩具——闪闪发光的、发出欢快音乐声的电动旋转陀螺。她一个人不停地旋转着陀螺,眼睛看着陀螺发出的光,似乎一切都是很平静的。正在这时,在教室中间场地玩耍的一个小男孩看见了琪琪的玩具,便主动走过去和她一起玩耍,她很乐意地答应了。接着,其他许多小朋友们都把目光投向了他们,越来越多的小朋友一起玩了起来。就这样,一群孩子们趴在地上,依次来尝试玩耍发光陀螺,这时候的她却在一边咯咯咯地笑出了声。每个小朋友都想玩琪琪的玩具,其中有一个叫鹏鹏的男孩子因为没有玩到陀螺,随口说了一句:"哼,不和你们玩了。"于是他就回到教室中间的场地玩起了自己的玩具。不一会儿,其他孩子们都慢慢地散开了,琪琪就继续一个人玩她自己的玩具。但在玩耍时,她的眼睛却看着中间的小朋友们。过了一会儿,只见她起身拿着自己的小陀螺走向教室中间的场地,来到鹏鹏的旁边轻声地问:"你想不想玩一下? 刚刚你没玩到我的陀螺。"玩得不亦乐乎的鹏鹏抬起头笑了笑(似乎他已经忘记了自己之前的不愉快)说:"谢谢你,琪琪,我们一起玩吧!"于是,琪琪很开心地坐在鹏鹏的旁边,和他交换了玩具,一起高兴地玩耍着,时不时地还朝我微笑。我便以肯定的点头和微笑回应她!

在玩百宝箱的过程中,琪琪表现得并不话多,而在一旁玩耍的她其实很愿意融入到小朋友们中间去。当发现有小朋友因为没有玩到自己的玩具生气走开的时候,她的眼神是无奈与不舍的。当所有同伴渐渐离开去玩自己的玩具时,她却勇敢地打破自己内心害羞的一面,勇敢地迈出自己交往的步伐,主动去关爱没能玩到自己玩具的小朋友,去安抚他的情绪,直到后来与小伙伴一起高兴地玩耍。

和琪琪类似的孩子在幼儿园里有很多,他们所表现出来的情况只是我们看到的,需要我们走进他们的内心,不遏制他们的天性。对于内向的孩子要给予他们更多的关爱和关注,支持和鼓励。

不同的孩子都有着与众不同的个性,不是所有的孩子都必须一个模样。不同性格的孩子,老师们也要用不同的方法,让他们有个性而健康地成长。

"破坏者"真的就是破坏者吗?

涛涛是一个男孩子,是班集体里出了名的"破坏者"。班上小朋友们对他说的最多的就是:"你走开,我们不和你玩!""你走开,讨厌的涛涛!""涛涛,你是个讨厌的破坏者!"

一次自主建构活动中,每组都由小组长去自选玩具和小伙伴进行合作搭建。那天刚好涛涛是小组长,他去建构区端了一篮自己喜欢的雪花片。可这时候其他的组员不乐意了,大声地对他说:"你每次都是拿的雪花片,我们不要玩这个。""你快点回去换一换吧。"他似乎没有听到同组小朋友们的意见,执意把雪花片倒在了桌子上。还自言自语道:"你们不玩,我自己玩,哈哈哈……"然后他开始了一个人的搭建游戏。同组的小朋友们很生气也很无奈,只好跟着玩起了雪花片。但是没有一人愿意和涛涛一起合作,明明是合作游戏却变成了他一个人的独角戏。不一会儿,就听到涛涛大声吼到:"我不和你们玩了,我讨厌你们!"他一把推倒了桌子上的雪花片,一个人冲出了教室……

他常用自己的方式去破坏小朋友们的游戏。甚至有时候还会打扰小朋友们的玩耍。有时是推翻同伴的建构玩具,有时是拿走同伴的手工材料,甚至有时在活动中不遵守游戏规则大声吵闹奔跑,经常搞得新老师很无奈、哭笑不得。他这样让自己破坏者的身份越来越明显。

每当这个时候,大多数的老师们都是先了解事情的经过,然后对事情进行解决和纠正。涛涛当然就是被纠正的对象,也是让新老师们头疼的对象。

当我找到他的时候,他满脸的委屈,一双瞪大的眼睛里含着泪花。我并没有先去了解事情的经过,而是轻声地对他说:"涛涛,过来让老师抱一抱! 过来,让我抱抱……"瞬间,他冲进了我的怀抱,抽噎变成了放声大哭,边哭边说:"我就是想和他们一起玩,是他们不和我玩,还说讨厌我。小朋友们都不喜欢我,都不和我玩。"

听着他的话,我的心里很不是滋味。多么简单的想法,却得不到小朋友们的支持和赞许。此时何不对他好好引导一番呢?于是便有了我俩的交心之谈。

"怎样让小朋友们喜欢我,喜欢和我玩呢?"

"老师看到你经常去把小朋友的玩具拿走。"

"我也想玩那个玩具。"

"在游戏的时候,你会故意违反游戏规则,影响游戏。"

"我不会玩游戏。"

"和老师一起外出活动,你会到处奔跑。"

"出去玩,我很高兴,所以会跑。"

"小朋友们玩区角,你随时更换区角,到处跑。"

"他们不让我玩,我就到处跑了。"

"在游戏时,你违反游戏规则;区角游戏,你随意更换区角;外出活动,你又到处奔跑;没经小朋友的同意,你随便拿走别人的玩具。其实这些都是他们不和你玩的原因。如果你不这样做,会不会他们就和你一起玩了呢?"

涛涛眨巴眨巴泪汪汪的眼睛看着我说:"真的吗?"

"以后我们涛涛游戏时认真听规则,外出活动跟着老师走,不自己跑开;想玩的玩具经过小朋友的同意再玩;在区角里玩耍的时候,不推挤小朋友,友好地玩耍,不要到处更换区角,他们一定会喜欢和涛涛玩的。"

"老师,我去跟他们说对不起。再和他们玩,好吗?"

我欣慰地点点头,笑着说:"去吧,你一定行。"接下来看到的就是一组孩子们开心地合作玩耍游戏。教室里当然也少了涛涛飞奔的身影。

涛涛的行为是由于独生子特有的优越感、独一无二的拥有权,让他并不知道自己的行为有什么不好。在集体生活中,他逐渐受到同伴的排斥，如果教师不及时给予正确的分析，找到好的方法给予引导，那将会给他小小的心灵蒙上一层雾霾。针对他的个性，作为老师的我用爱这种最简单的表达方式——拥抱，感同身受，交流交谈，一步步给予引导，最后让他快乐地融入了集体生活中。

让孩子们有个性地、快乐地健康成长一直是我们教育者追寻的方向。我想：参天大树枝繁叶茂，并不是所有的树叶都是一样的，每片树叶都有其自己的样子，每片树叶都可以不一样地生长。我愿孩子们像不一样的树叶健康地成长！

方　丽

第四章
幼儿园是充满欢声笑语的地方

——————————

有一种美好叫童年,有一个快乐的地方叫幼儿园。这里是孩子们嬉戏、学习、探索、创造的乐园;这里是孩子们愉快生活、快乐成长的天堂;这里是孩子们心中最喜欢、最美妙的地方! 那是童年最美丽的风景,那是孩子们最宝贵的记忆! 每当我走进幼儿园总能听到孩子们的欢声笑语,我为孩子们的欢声笑语而快乐,我为孩子们的童年充满快乐而幸福。

有一种美好叫童年,有一个快乐的地方叫幼儿园。新幼是孩子们嬉戏、学习、探索、创造的乐园,新幼是孩子们愉快生活、快乐成长的天堂,新幼是孩子们心中最喜欢、最美妙的地方!

在这里,快乐的时光镌刻着孩子们的欢声笑语,每个孩子都天真烂漫,一切都是那么美好!孩子们可以像百灵鸟一样在林间尽情快乐地歌唱,可以像鱼儿一样在大海里自由欢畅地游弋,可以像天上的星星一样闪烁出耀眼的光芒。

在这里,每个角落都是知识的海洋,有教室、操场、盥洗室、木工坊、蛋糕坊、美工坊以及种植园等好多活动区。每个空间都是孩子们好奇求知的殿堂。在这里,老师的教学不再是填鸭,而是孩子们快乐的亲身体验、主动参与、实践操作、自我建构;老师的课程实施不再是书本知识的灌输,而是孩子们自主探究、同伴互助、相互交流、家园共育的关键经验建构;孩子们的学习方式不再是一本书、一只笔,而是猜测、操作、验证、设计、表现等多元化的生活体验与实践尝试及参观访问……在多元化的学习活动中,孩子们快乐自信地成长,孩子们的欢声笑语伴着花香弥漫在幼儿园的每个地方。

在这里,多彩的软化操场是欢乐的"草原",任孩子们无拘无束地奔跑,"老鹰抓小鸡""猫捉老鼠""贴膏药"……一个个趣味十足的游戏带给孩子们童年特有的乐趣,孩子们的身体越来越灵巧,动作技能越来越有模样。快乐就是那么简单:自己或与同伴蹦蹦跳跳,一起嬉戏,一起活动活动筋骨,一起平稳过荡桥,快速攀爬网,勇敢跳山羊……孩子们的欢声笑语让幼儿园生机盎然!

在这里,"小马驹"的春天五光十色,姹紫嫣红;户外活动时的他们精神饱满、身心愉悦、不怕脏累、兴趣浓厚;"新幼小巡警"

成为园里一道靓丽的风景线。在这里只要老师给予他们充分的机会,"小马驹"就会神采奕奕地驰骋在幼儿园阳光明媚的春天里,如小苗一般快乐茁壮地成长!

在这里,老师和孩子一起谱"跳房"新曲,与规则对话、与同伴比赛,趣味十足!快乐是不断尝试、挑战自己、获得自信的满足感;快乐是游戏精神和游戏水平不断提高的最好体现。

在这里,有森林自助餐厅,其菜色香味美。在老师的带领下,每一个餐厅小厨师都认真专注地制作着每一道菜品,孩子们开心、愉悦地品尝着、谈论着舌尖上的味道……快乐来自自己制订的食谱、自主动手操作,自己美美地品尝自己的劳动成果。

在这里,木工坊换新貌,小木工的奇思妙想在叮叮当当中诞生,一件件"大师"作品被陈列,小木工的订单一件接一件,坏了的桌、椅已然焕然一新。快乐是他们体验当了一回工人,学会操作锤子、榔头等工具,为大家服务,制作新产品,认认真真地完成每一项任务。

在这里,快乐劳动,主动参与,生活的万花筒色彩斑斓:"真"劳动里"真"快乐!孩子的劳动不再是老师安排分派,而是孩子主动参与;劳动不再是走马观花,而是注重劳动的过程;劳动不再是定时组织,而是渗透在一日生活中的每个环节。

在这里,花园里的小蚂蚁等着孩子们去快乐地揭秘,在这里,小火车钻山洞是那么充满童趣……

在这里,小主人会议上,孩子们自信地表达,"我的节日我做主!""我的游戏我做主!";"六一"演出时,孩子们大胆地展示,自己设计节目情节、自己选择表演方式,自信带给孩子无限的快乐。运动赛场上,孩子们你追我赶,奋力拼搏,每一张小脸都写满了自信,欢声笑语留在每一个值得纪念的时刻里。

在这里,老师们时刻迸发出教育智慧的火花,如何让孩子的学习更有趣,如何让孩子的活动更生动,如何让孩子真正体验成功的快乐……老师们不断学习、教研实践、交流共享,不断地获得专业的成长,用满满的爱和教育智慧去支持、引导孩子。在欢声笑语中,老师们的脸上、心里、言语中溢满了孩子们的快乐：或是点滴进步与精彩瞬间；或是一句稚嫩的话语、一个憨态可掬的神情；或是同伴间的互相帮助与共同进步的愉悦……欢声笑语充满魔力般让新幼人心里都暖暖的、美美的!

每当我走进幼儿园就能听到孩子们的欢声笑语,我为孩子们的欢声笑语而快乐,我为孩子们的童年充满快乐而幸福。在新幼,师幼同欢乐共成长,幼儿园里充满欢声笑语,那就是孩子们童年最美丽的风景,那就是孩子们一生中最初最宝贵的记忆,那就是对无私奉献幼教人生的最好赞美。

"小马驹"也有春天

孩子在大多数成人的眼中都是顽皮、不懂事、只会瞎玩的形象，用"小马驹"来形容一点也不为过。然而，从事幼教工作二十余年的我，却从"小马驹"身上学到了很多。

"小马驹"复活记

一个期盼已久的学期末，怀着愉快的心情，我像往常一样到每个班巡视。"最后一天孩子来得真少！"我和老师交流着，几个孩子都没精打采，机械地摆弄着桌上的玩具，如同缺水少食的"小马驹"一般。

我开始组织老师们收拾整理户外器械用品。"大家出来帮忙啊！"挨着到每个班提醒。一到中班，我的吆喝声让孩子们精神一振，"罗老师，我们可不可以来帮忙？"看着孩子们渴求的眼睛，想着晨间看到的萎靡样儿，"凑什么热闹"的话语被硬生生堵回嘴里，我心中一动：这不是现成的小帮手吗？"当然！""耶！"欢呼声之后，一群脱缰的野马迅速从教室冲向了操场。

正当老师们手忙脚乱地将轮胎、自行车等器械向指定区域收放时，因为距离不短、数量又多，所以有点愁。我右手一挥，"孩子们，上！""小马驹"们兴奋地跃跃欲试，轮胎成为比赛的道具，他们自然地学会了滚着前进的巧妙方法，在你追我赶中把它们分毫不差地运到器械棚下,看着老师们堆成的"轮胎山",孩子们乐得哈哈大笑。接着,他们撒欢地将自行车、滑板车、三轮车等车类玩具边骑边向欢乐谷进发,不到五分钟的时间,所有车辆全部在欢乐谷集结完毕。

看着洋溢着兴奋神情在欢乐谷沙发上休息的孩子们,我不禁问道:"今天高兴吗? 好玩吗?"

乐乐回答:"真是太好玩了! 我从来没有觉得这样好玩过!"

新新说:"比玩玩具好玩多了,我觉得好开心!"

君君拉着我的手:"罗老师,还有什么东西需要收拾,我还要帮忙,我还要帮忙!"

"我也是!""我也是!"

"清洁小屋的劳动工具和小茶馆的桌椅板凳需要收进来,走吧!"

"哦!"欢呼声中,"小马驹"们又开始了新一轮的收拾搬迁工作。只见宇宇怀抱着一堆扫帚大步前进,脸上堆满开心的笑;辰辰和小军迫不及待地端着小茶馆的小椅子往欢乐谷赶去,手都酸了也没有停歇;小语和小轩兴奋过头,把教室里的玩具也往欢乐谷搬……

"老师需要你们把集中浇水的植物运到洗手池!"新的任务发布了,"小马驹"们开心地尾随在老师身后,将一盆盆植物从运输车上往地上挪,那专注的神情、敏捷的动作、脏脏的小手……很难和家长心中的"小公主"、"小王子"形象联系在一起。

在孩子们的帮助下,我们的收拾整理工作提前完成了,他们还有些闷闷不乐,我说还可以去班级帮老师的忙,这群"小马驹"才欢呼着又冲回了教室。看着这群活蹦乱跳的"小马驹",我不禁感慨万千!

在新幼以"儿童第一"价值观思想引导下,我们开设了"小主人俱乐部",实施着"新幼小管家"课程,似乎"小主人会议"、"小主人劳动"、"小主人游戏"等活动都让孩子真正成为了幼儿园的主人,确实也尊重了孩子、理解了孩子、解放了孩子,让他们在各方面都得到了一定程度的发展。

但是,反思一下我们的所作所为,在有的方面还显得欠缺。比如:环境创设从来没有真正想到和孩子一起创设。总是在提醒下或者突然想到了需要孩子的表达和表现,才让孩子做出作品予以呈现,并不是在环境创设的初始就和孩子一起商量讨论,将他们的想法以他们的方式予以表达;在区域活动中,活动内容基本来自老师的设计,活动材料几乎都是老师提供,老师说玩什么就玩什么,没有真正倾听孩子的想法,玩一玩孩子想要的游戏;再如以上案例,可能我们没有谁想到让孩子帮忙一起进行期末物品收拾整理,总认为这是老师的事,是大人的事,小孩子来凑什么热闹? 万一伤到碰到不是惹麻烦吗? 但既然我们倡导"新幼是我家"、"孩子是新幼小主人",为什么小主人不应该帮忙收拾整理家里的物品? 把孩子扔到一边玩玩具,和包办代替的教育有何本质区别?

今天,这群复活的"小马驹"给我好好地上了一课,生活即教育,教育充满在生活的各个角落里。不要再把孩子摈弃在一旁,他们会如同枯萎的植物提醒你: 不行! 不要怀疑孩子的能力;他们会用事实告诉你: 能行!

"小马驹"奔腾吧!

从那之后,我更懂得了用心倾听和体悟孩子们的真实需求。一次"小主人会议"上,孩子们对离园时发生小朋友碰撞的事件讨论不休,我问:"大家都很喜欢幼儿园,但是放学不离开确实有很多不安全的状况发生,怎么才能改变呢?"

琦琦说:"放学就和爸爸妈妈一起离开,第二天再来幼儿园玩。"

小蒙说:"可是有的小朋友就想玩,不想离开,喊也喊不走!"

文文提议:"如果有警察叔叔来维持秩序就好了,小朋友都会听警察叔叔的话。"

乐乐眼珠子一转:"嘿,罗老师,我们小朋友可以当小警察吗?我们是幼儿园的小主人,我们也可以来维持秩序啊!"

"这个主意不错!""我赞成!""我也要当小警察!"

看着孩子们兴奋的小脸,何不放手一试?于是,师幼共同拟定了"小巡警工作职责"、"优秀小巡警评选标准",添置了小警服、摩托车、对讲机等装备,经过评选和推荐,"新幼小巡警"正式上线啦!

每天放学时,小巡警都会准时出现在幼儿园的各个角落,提醒小伙伴们安全离园不逗留。别说,孩子和家长都比较配合,效果还挺不错。当然,过程中也出现了小巡警行为不礼貌、语言不文明、提醒不到位、工作不坚持等情况,但通过一次次"小主人会议"的商讨、提议、完善,"新幼小巡警"已成为幼儿园一道靓丽的风景线,成为孩子们心中热选的"新幼小管家"活动。

看着越来越自信能干的孩子们,我们心中也充满了骄傲与自豪。

"小马驹"也有春天

斯宾塞先生在《斯宾塞的快乐教育全书》中提到:参加劳动,也是户外活动的一部分。这不仅可以让孩子亲近大自然,还可以培养他忍耐、持久的意志力等品质。如果可以隔空凝望,我想斯宾塞先生已然看到了他所说的这群"小马驹",在参加户外活动时的精神饱满、身心愉悦、不怕脏和累、坚持不懈和兴趣持久。

这也让我想到了刘静园长时常所说的:"不要只在意活动形式,并不是活动越热闹越好看就越好,要静下心来透过活动思考它本身的价值和意义。活动是否真正是孩子们所需要的,活动是否真正促进了孩子的成长发展?"

"小马驹"也有春天,只要我们给予他们充分的表现机会,他们就会神采奕奕地驰骋在阳光明媚的春天里,快乐茁壮地成长!

罗　映

和孩子一起谱"跳房"新曲

"捡石子呀丢石子,跳呀跳呀跳房子,左脚抬起右脚跳,转了一圈换脚跳。"小时候,和小伙伴跳房子是我最开心的事。而今天,孩子们将传统游戏进行创新,谱出了一首首"跳房"新曲,欢乐不断,让我更是欣喜。

跳房子"前奏曲"——随心所欲跳房子

午睡后,一群小伙伴在露台用粉笔画的"房子"里跳来跳去,他们尝试用自己的方法朝不同的方向跳房子,可一不小心就撞到了伙伴,旭旭说:"我们要从一个方向跳,不能乱跳。"

于是,他从教室拿来粉笔:"在格子里写上数字,我们按数字依次跳。""好,但是不能踩线!"寒寒强调规则。寒寒开始单脚连续跳,当他跳到一间小房间时,他观察到格子太小,为了不踩线,他把脚尖踮起轻轻地往前跳,就在这时,身体突然前倾,另外一只脚也落到了地上。

"老师,我们的房子太小了,不适合跳房子。"寒寒向我发出信号。

"那怎样的房子才适合跳房子呢?"我问道。这时岑岑、泓泓几个小朋友围了过来,用手比划着,说:"要这么大!""教室有尺子,你们可以尝试重新设计合适的房子!"我提出了建议,孩子们找来了尺子,用粉笔在露台上重新规划了能够适应规则的房子。

在"跳房子"初体验中,孩子体验到"跳房子"的乐趣,同时也感受到规则的重要性。游戏的快乐就是当遇到困难时,能自主表达,尝试解决问题。而老师唯一需要做的就是为孩子搭建深层次自主的游戏支架,去支持孩子们进一步的游戏。

跳房子"变奏曲"——变换方式跳房子

尝试单脚跳远保持落地平衡的方法:

朵朵对萌萌说:"我们来比赛,看谁最先跳完房子。"萌萌说:"好,我先跳"。她从 1 跳到了 6。跳到第 6 间房子时,脚站立不稳,结束游戏。轮到朵朵,她用左腿作为支撑腿,右腿弯曲朝后,身体前倾用力向前跳时向体侧伸出了双臂,很快从 1 跳到了 10。

萌萌有点难过:"为什么我总是站不稳呢?"我对萌萌说:"萌萌,你看朵朵是怎么跳的?"萌萌再一次观察朵朵单脚跳房子,自己也在一边模仿,她学着朵朵把右脚弯曲朝后。"对,身体前倾,右膝弯曲,脚朝后。"

我肯定了她的动作,萌萌的第二次跳跃比第一次跳得更远,但还是身体有点摇晃。"萌萌,我再跳给你看。"朵朵又一次示范。"跳的时候,朵朵的手是怎么做的?"我引导萌萌注意观察朵朵手的变化。"哦,双手打开可以帮助我跳得更稳。"萌萌再次尝试,这次当她落地时尝试把双手侧平举,终于可以一次跳完所有的房间。

授之以鱼不如授之以渔,我没有直接地告诉萌萌如何保持身体平衡,而是引导她通过观察、模仿、梳理动作要领,不断尝试掌握身体平衡的技巧,从而习得双手打开有助于保持身体平衡的经验,这是大班幼儿很好的学习品质。

直线跳变折线跳房子:

朵朵开始挑战九宫格房,九宫格数字多,还要用单脚折线跳,每跳到下一房间,她都要尝试转动脚的方向,使整个身体正对下一间房子,当她要跳到房间 5 时,把支撑腿的膝盖下弯了一下,用力跳到了房间 5。"好累,我要休息一下。"朵朵不由自主地蹲在地上。萌萌提议:"对呀,朵朵,你看 3、4、5、6 这几间房子都离得远,我们可以把这几间当作休息房,双脚站立跳。""这个办法好,我们可以用立定跳远跳过去,只要不踩到线。"朵朵补充回应到,两个小伙伴开始了新的尝试。

朵朵在进行九宫格游戏的折线跳中,不断思考,借助经验弯曲膝盖,降低重心实现跳得更远的目标,出色的应变能力让她不断突破挑战,获得自信的快乐。

快乐是不断尝试,挑战自己,获得自信的满足感。跳房游戏需要协调性、力量与耐力、灵敏等身体素质作为基础,对大班幼儿具有一定的挑战性。正是因为不断地挑战,才会体验到成功不易的欣喜与快乐。

跳房子"协奏曲"——借助材料跳房子

"还可以怎样跳房子更有趣、更有挑战性呢?"我把问题抛给了孩子们。孩子们提出可以借助其他材料来挑战,他们从教室找来了沙包和瓶盖圈,分组探索借助其他材料跳房子,尝试投准、踢准,寻找有挑战性的跳房方式。

手投沙包跳房子:

"我们轮流用投沙包来跳房子,每个人要不一样!"可乐和他们这组小伙伴商量,接着说:"我把沙包投到几就跳到几,如果是投到线上或房子外就挑战失败。"可乐站在房子外,拿起沙包用力扔到房间 5,然后用单脚跳、单双交替跳依次从房间 1 跳到了房间 5,他右手捡起沙包扔向离 5 较远的房间 6,但力量过大,沙包扔到了房子外。"要看准目标再投。"寒寒提醒可乐。可乐第二次尝试时,他蹲下了身体,把沙包沿着正前方轻轻地扔了出去,这次准确地投到下一间房子,小伙伴情不自禁地为他鼓掌。

脚踢瓶盖圈跳房子:

铭铭这组用瓶盖圈跳房子,他把瓶盖圈丢在了房间1,他用左脚作为支撑单脚尝试把瓶盖圈踢到房间2,由于用力过猛,瓶盖圈踢到了房间2的右上角,差点踢到线上,他单脚跳到房间2,并尝试慢慢地把脚移到瓶盖圈旁,身体摇晃踩到了边线,这次挑战失败。第二次,他尝试用脚轻轻地踢瓶盖圈,可是用力太小,瓶盖圈只向前移动了一点,仍然在原房间里。"力量不能大也不能小!"旭旭提醒他要控制自己的力量。第三次时,铭铭左脚弯曲,右脚也微弯并对着瓶盖圈轻轻前移,控制右脚踢的力量终于顺利地把瓶盖圈踢到房间4。

"怎样才能投得准,踢得准?"我向孩子们提出了更高要求,又一次激发起孩子们挑战自我的兴趣。接下来,只要是运动时光,孩子们都会努力练习,不断挑战自己,来提高控制器械进行准确投掷和踢的能力。

游戏的快乐是来自不断的创新与挑战,是来自同伴间的互助与鼓励,更是来自教师的支持与引导。当孩子发现游戏没有挑战性时想到了借助材料来挑战新游戏,利用材料进行踢或投需要孩子能够正确地判断、目测目标,能根据自己动作姿势调整对材料的控制力量,提升应变能力,实现目标性与方向性的统一。

可乐在尝试不同玩法的过程中,能把跳和投掷相结合,能尝试降低重心,控制力量来准确投掷,这是一种机智与探索。铭铭在三次尝试中能逐步根据格子的远近调整踢瓶盖圈的力量,尝试保持身体平衡,这是一种坚持与挑战。游戏出现瓶颈时,我通过观察、设置问题情境,提供游戏材料,引导幼儿探索、发现,鼓励幼儿创新玩法,使游戏向高层次延伸,提升了幼儿的学习品质。

"跳房子"里的快乐多:和同伴对话,与规则对话,同学习品质对话,不断创新,趣味十足,挑战无限。具有生命力的"跳房子"

游戏,让孩子们不断提升学习品质,提高运动能力,增强身体素质,而我也体验到了支持孩子、助力孩子的快乐!

孙 艳

欢迎光临自助餐厅!

——我与儿童自助餐的故事

为落实集团提出"让每一个孩子体验成长的快乐"的体验教育理念,丰富儿童的进餐形式,新幼坚持每月开展体验式儿童自助餐活动。活动前厨房师傅为孩子们准备了种类丰富的自助式菜品,如土豆泥、清蒸龙利鱼、五香鸡翅等,活动中孩子们听着舒缓的音乐、端着餐具拿取自己喜欢的菜品和饮品。在和同伴儿小声交谈中共进午餐,嫣然一片欢乐的海洋。新幼的儿童自助餐活动逐渐成为孩子们最喜欢、最期盼的活动,但它的精彩蜕变却是源于孩子们给我的启发。

故事 1:"我想吃鸡腿"

自助餐时间我循例到各班看活动开展的情况,石习之小朋友看了看满盘子的菜品说:"我好想吃鸡腿呀!""要是有意大利面条就好了!"周子睿小朋友也说道。于是我问孩子们:"自助餐你们还想吃什么呢?"孩子们一下兴奋起来:"我想吃扬州炒饭。""我想吃鸡翅。""我想吃串串。""我想吃薯条。"……

自我对话:原来孩子们有这么多的食谱愿望啊!这还仅仅是一个班的孩子,那全园的孩子们在自助餐活动中都想吃什么呢?后勤厨房制定的菜谱到底是不是孩子们最想吃的呢?怎样才能了解和满足全园孩子对菜品的个性需求呢？

　　我们推崇"儿童第一"的教育理念，如何在儿童自助餐活动中体现"尊重儿童"呢？几个孩子的感叹启发了我，我们首先可以从"制定菜品"开始啊！

　　幼："哇，今天有我喜欢吃的鸡腿耶，太棒了！"

　　幼："还有我上次告诉小记者的，我喜欢吃鸡米花儿。"

　　幼："园长妈妈，谢谢你，我太喜欢我们的自助餐啦！"

　　自我对话：对于前面的问题，我们请每个班的小主人代表一起来讨论，去采访各班的儿童"你想在自助餐活动中吃什么？"最后在老师的协助下经过统计，将排名靠前的菜品种类报到厨房进行准备。看到孩子们开心、愉悦地品尝，谈论着自己提议的菜品，让我深切地感受到：尊重儿童，满足儿童，快乐儿童——"儿童第一"的理念，在儿童自助餐活动中活起来了。

故事 2："欢迎光临自助餐厅"

　　又是儿童自助餐活动时间，孩子们都大快朵颐地开动着，点点小班的谷芃菲小朋友热情地跟我打招呼："园长妈妈！""哎！小菲！喜不喜欢今天的自助餐啊？""喜欢，要是能跟我哥哥一起吃就好了耶！"（她的哥哥在楼上中班）"哦，是吗？为什么呢？""我在外面就是跟爸爸妈妈和哥哥一起去吃自助餐的！"

　　自我对话：我们开展儿童自助餐活动一直都是以班级为单位进行，小菲想与同园的哥哥共进自助餐的期盼再次启发了我，"你想和谁一起共进午餐？"、"你想在哪里吃自助餐？"、"你想把自助餐厅布置成什么样子？"……这些成为了小主人们新的采访问题和讨论话题。

　　我："你们在干什么呀？"

　　幼："园长妈妈，我是一只小兔子，我正要去森林舞会吃自助餐呢！"

幼:"我是一只梅花鹿,我带了一只小班的梅花鹿弟弟一起去森林舞会!"

幼:"我是服务员,欢迎光临'森林舞会'自助餐厅!"

自我对话:反思我们的儿童自助餐活动,还是存在进餐形式单一、缺少情境创设、与其他班儿童的互动交流少等问题。问题来源于儿童,解决问题我们也需要依靠儿童。"森林舞会自助餐厅"里,哥哥姐姐带领弟弟妹妹,以森林动物的角色走红毯进入餐厅,孩子们还给我介绍"这是我们餐厅的门牌"、"我先帮妹妹取菜,我要照顾好她"、"餐桌上摆放的花花是我们自己做的"……我们从儿童的视角出发打破班级的界限;充分发挥儿童的主体性,请他们自己制定餐厅的名称、装扮、座位形式及规则,让儿童自主参与设计餐厅的海报、制作餐厅的装饰物品等,让儿童真正成为自助餐活动的主人。

故事3: 体验餐厅小厨师

幼儿园每一次的自助餐菜品都是由厨房的师傅们制作,制作好后再送班上孩子们品尝,孩子们常说"今天的自助餐是厨房爷爷们做的,很好吃"。"那你们想不想动手做自助餐?"孩子们听到我的问题一下沸腾起来:"我想做"、"我想做""我也想做"……

自我对话:"一日活动皆课程",作为一名教育者,我们应该从细微处发掘教育的价值、把握教育的契机。既然孩子们如此喜欢自助餐活动,那我们何不让孩子们尝试自己制作菜品呢?

幼:"这个串串是我做的!"

幼:"这个饺子是我包的!"

幼:"我今天切了猕猴桃和火龙果做了水果沙拉!"

自我对话:虽然让孩子们自己制作菜品自己吃的这个想法很简单,但真正实施下来我们还是遇到了实际的问题:制作时间太长、菜品复杂幼儿完成不了、各部门配合协调不够等,经过教研团队和小主人的几次讨论，最终我们做了简化和调整：采取厨房制作和儿童体验制作相结合、以半天时间保证和课程推进的方式，大班儿童制作"三明治"、"串串"、"饺子"、中班儿童制作"水果沙拉"、小班儿童制作"汤圆"。在老师带领下，每一个餐厅小厨师认真专注地制作着菜品，进餐时细细地品味着自己的劳动成果，格外地满足、格外地快乐。

  后记："一日生活皆课程"，我们将儿童自助餐活动作为园本课程，不断丰富其活动的形式和内容，深入挖掘其教育资源，充分发挥儿童的主体性，促进儿童的快乐成长。感恩儿童的智慧、感谢儿童的启迪，你们永远是最棒的老师！

田　梅

"真劳动"里"真快乐"

高尔基曾说到:"劳动是世界上一切欢乐和一切美好事情的源泉。"我们世界上最美好的东西,都是由劳动、由人的手创造出来的。而劳动在孩子一日生活环节里处处体现,它不仅可以帮助孩子养成劳动的习惯,提高劳动技能,锻炼孩子的动手能力;还可以发展孩子的思维能力,培养良好的道德品质,而这些能力和品质是陪伴孩子一生的幸福和快乐的源泉。在新幼"儿童第一"的价值观背景下"新幼小管家"的课程油然而生,课程通过幼儿管理、生活管理、劳动管理三个方面,为孩子构建体验性自主生活的游戏环境,让孩子在劳动中体验成长的快乐。

而真实的场景又是怎样的呢?

走马观花的劳动

周五下午是全园劳动日,集合时间马上就要到了,老师着急地帮助孩子们穿戴好围裙、袖套,来到操场上进行集合。保育老师怕孩子打湿衣袖,已经提前把抹布打湿并拧干,孩子们回到班级开始擦拭自己的小椅子,不一会儿就失去参与的兴趣,有的拿着毛巾在旁边溜达,有的凝望着哥哥姐姐劳动,我组织孩子们开始整理物品柜。书包、百宝箱摆放了一地,旁边的老师说道:"不要把柜子里的物品拿出来擦,擦擦门就可以了。"劳动时间结束了,保育老师帮助孩子脱下劳动服装,个别孩子在地上尝试叠工作服,老师叫孩子赶快拿过去,并帮忙折叠好围裙放入篮子。

劳动活动就这样的结束了,于是我和孩子、老师进行了对话,孩子们说:"椅子一会就擦完了,一点都不好玩;我们想和哥哥姐姐一起拖地;我不会擦椅子……"保育老师说:"幼儿穿得里三层外三层的,自己搓抹布衣服打湿了要感冒;衣服让他们自己穿脱好耽误时间,我帮他们动作还快些。"老师说:"玩具书包整理一地,比不整理还乱些。"

老师虽然给孩子构建了劳动环境,但没有尊重孩子劳动的意愿,劳动的内容、时间、形式都是老师设定的,整个过程就像走马观花,没有放手让孩子真劳动。就如高尔基说的:"当劳动是种快乐时,生活是美的,当劳动是一种责任时,生活就是奴役。"孩子没有真体验、真操作、真劳动,又怎能体验到劳动的真快乐呢?

通过交流我反思到:整个劳动过程老师没有"真"等待,老师看到孩子遇到困难,没有给孩子体验的时间就帮忙替代劳动;老师没有"真"关注,关注停留在表面,没有深入发现并探究孩子不爱劳动背后的原因,劳动的兴趣不是来源于孩子自己,所以孩子没有劳动的内动力;老师没有"真"支持,孩子劳动技能受限时,不会拧毛巾、不会擦椅子,老师没有及时给予孩子经验支持;老师没有"真"放手,看似放手让孩子自己劳动,却只是做了形式而忽略了孩子劳动的过程,劳动前的准备工作,劳动工具的收拾都是劳动。

当我们发现了问题,转变了观念后,劳动的场景又有怎样的变化呢?

自主快乐的真劳动

清晨区域活动时间,本周轮到小二班进行"小厨师"服务,他们负责为做全园幼儿午餐的蔬菜做择洗服务。跟着老师认识今天进食的蔬菜名称、营养以及择洗方法,孩子们嘻嘻哈哈地择洗完后,快乐地背着小背篓把择洗好的蔬菜送回厨房,老师把力所能及的事交给孩子。孩子们午睡后的点心,由孩子根据自己所需自己用夹子拿取点心,分倒牛奶,老师不会因为孩子把牛奶洒到桌子上就停止孩子的尝试,而是悄悄为孩子准备了擦牛奶的毛巾,孩子们为自己服务带来的快乐而开心。

又是一个全园劳动日,活动前老师用儿歌游戏的形式教孩子们学习怎么擦物品,把劳动技能分解成由易到难、由简到繁,层层递进传递给孩子。孩子拧毛巾会打湿衣袖,是孩子没有控制好水量,没有把衣袖挽高,没有学会把手指尖朝下拎毛巾,老师引导幼儿在生活环境里进行练习。小班孩子不会系围裙,老师把围裙换成拉扣式的方便孩子穿脱。

大花盆、走廊、大型玩具都是孩子劳动的对象,老师想方设法帮助和支持孩子解决遇到的问题,推动着孩子劳动能力的发展,虽然劳动的时间变长了,但是孩子劳动兴趣变浓了。

"真劳动"教师的改变:

真劳动不再是老师安排内容,而是孩子主动参与劳动;

真劳动不再是为了形式而开展,而是注重孩子劳动的过程;

真劳动不再是某个时间定时组织,而是渗透在一日生活的每个环节中。

"真快乐"教师能做的:

还给孩子一个劳动的机会,藏起对孩子的溺爱,不包办代替孩子劳动;

创设一个放手的环境,尊重孩子的想法,大胆放手让孩子劳动;

挖掘一个劳动的空间,保证孩子有充足的时间,建构孩子新劳动的经验;

提供一个劳动的支持,追随孩子的变化,支持推动孩子劳动技能的提高。

　　真劳动让我们的孩子在劳动的过程中得到了更多的真快乐。

冯　欣

木工坊的乐与新

　　木工坊已经开设四个年头了,虽然"拆迁"过一次,但是装潢布局和开展方式依旧一成不变,按部就班地按照既定的时间、地点、内容开展活动。我也时常陶醉在参观者和家长对材料丰富、区域新颖和小木工像模像样的操作的称赞中,直到小宇的一句话把我"叫醒"。

　　小宇,自称"老木匠",是一个非常喜欢木工区的孩子,时常能见到他在木工区钉钉敲敲的身影。可这段时间,他一直没出现。今天做完早操,我正好遇见了他。我走上去,像朋友一样问:"老木匠,最近怎么没来木工区玩呢?"他一本正经地悄悄对我说:"邹老师,木工坊的装修和工具一直没变化,我都读大班了,木工区还是我小时候的样子,制作的作品也都是模型,教室里其他区角每学期都有新样子和新玩具,我们都喜欢新的。"听后,我尴尬地对他笑了笑,不知说什么好。他的这些话,让我陷入了深思。

　　在我们身边"有一种冷,叫妈妈觉得你冷"、"有一种饿,叫奶奶觉得你饿",我们成人把自己的种种"觉得"强加给孩子,还会补上一句"都是为了你好",可我们全然不知,孩子因被迫而不乐。时常会听到教师在没有认真倾听、不了解孩子的情况下,"自以为是"地创设区域活动,塞上活动材料,以成人视角剪裁孩子生活。可孩子喜欢吗? 工具合适吗? 材料是他们感兴趣的吗?

　　了解儿童、尊重儿童才能让儿童得到适宜的发展。了解各年龄段儿童的特点、了解他们的发展水平、了解他们的已有经验是开展一切活动的前提，在了解基础上安排适宜的、具有一定挑战性的活动内容是我们应该做的。尊重儿童千奇百怪的思想、理解儿童心情、倾听儿童诉说、支持儿童行为、满足儿童的合理需求，用这些来指导我们的教育行为，促进儿童健康发展，让每个孩子每一天都快乐而有意义。

第二天，我便邀请了小宇和其他木工坊的孩子开展了关于"你心中的木工坊"的小主人会议，会议地点就在木工坊。我首先提出两个议题：1. 你心中的木工坊是什么样子的？2. 你在木工坊玩什么才有兴趣？

小宇和其他孩子若有所思地在木工区边走边瞧，翻箱倒柜的。不一会，孩子们给出了很多方案，有的天马行空，有的奇妙梦幻，有的切合实际……突然，小宇大声地说："我建议把我们自己做的脸谱都给挂在墙上展示出来，用来装饰木工坊，教室到处都有我们自己的作品，我想要的木工坊也能随时看到摸到自己的作品。"

听到小宇的建议后，其他孩子都同意按照他的方法，我也尊重他们的想法。于是孩子们开始自己确定展示的位置，商量请美工区的老师帮我们涂色装饰。但又有孩子发现脸谱上的颜料淋了雨会褪色，我建议他们去寻求何师傅的帮助，于是何师傅又带领小木匠们戴上口罩拿起刷子，给涂上颜色的脸谱刷了一层清漆。最后，孩子们在脸谱上确定钉子的位置，把自己的木质脸谱挂到了墙上。除了这些，他们也将木工坊的标识牌自己做、材料自己重新分类、未完成的作品重新归类，木工区的环境有了新面貌，他们非常满意，都笑了。

教育环境是价值观、教育观的体现，是隐性的教育资源。倾听儿童，尊重儿童，结合幼儿园"儿童第一"的价值观，**创设适宜的、科学的、具有体验性的木工坊环境才是孩子们喜欢的环境，才能更好地促进孩子发展**。对于木工坊玩什么，孩子们都有很多想法："我想制作各种军事武器"，"我想制作小木屋"，"我想制作小盒子"……小宇说："我想制作桌子椅子，我们还可以坐在上面。"

这些想法让我发现,他们想制作的都是自己能用上的,并不是一些摆设。我恍然大悟,我忽略了木工活动生活性的重要价值,我们做木工不就是为生活服务的吗,而这一价值也正是孩子们需要的。

根据孩子们的想法和木工坊生活性的重要价值,我们商量决定做订单服务。小木工们去各个区和各个班发放木工区订单,让他们填写需要我们帮忙制作或者修补的东西,然后,小木匠们根据订单内容进行工作,让他们的工作有目的性。

倾听孩子,我发现离他们很远,所以我管住嘴,走进他们。尊重孩子,所以我接近他们,了解他们,我发现他们比从前快乐了。幼儿教师这一职业,就决定了你的"身高"和"视角"。和孩子一样高,方便倾听孩子,了解他们的心情和想法;和孩子一样思考,了解他们千奇百怪、天马行空的思维,并支持他们的行为,满足他们合理的需求。孩子的语言天真无邪,有时也会"一语惊醒梦中人"。倾听孩子内心的声音,尊重孩子合理的需求,让教育更接近孩子!

邹孔笛

幼儿园——我们的百乐园

"我终身选择的职业它应该是这样的——首先,它是我喜欢的,其次,它是我擅长的,最后,它是能维持我生计的。"一位名人曾这样说过。

我很幸福,选择了幼师这个令我幸福满满的职业,看着一群天真可爱的孩子们,我的心境纯洁如白云,我的笑容明朗如晴空,这种简单而又充实的生活令我满足。我脑海里总是浮现孩子们的童真笑脸、游戏的精彩瞬间,幼儿园的一草一木,都让我满是欣喜。现在的我犹如一株含苞待放的花朵,而幼儿园这方宝地给予我的是充足的养分,让我的青春如鲜花般绽放。

奇妙的火车之旅

早操时,我一如既往地带着小班宝贝们游戏,孩子们跟着欢乐的音乐跳得不亦乐乎,一段过渡自由活动的音乐响起来了,孩子们三三两两地进行了自由玩耍。突然我看见了两个小朋友手拉手,踮起脚尖,把手举过头顶,另一个小朋友从她们手下快乐地穿梭。

我默默观察注视着她们,这时候有一个小朋友走过来拉起我的手学着前面两个小朋友的样子,把手举高,接着小朋友们断断续续地从"山洞"下穿梭。

我小声地问了一下自由穿梭的宝贝们一句:"你们是小火车

吗? 火车应该是什么样子的呢?"有宝贝回答我说:"长长的呀!"于是更多的小朋友加入了火车的行列,小火车变成了长长的火车。

一个男孩子突发奇想地说:"既然火车是长长的,那山洞是不是也要是长长高高的呢?"这时候又有小朋友加入了山洞的行列,大家都踮起脚尖举起高高的小手,让火车能从高高长长的山洞里安全通过。

从那以后,几乎每个早操后宝贝们都会享受"火车与山洞"这个游戏的快乐,不同方式的钻山洞、搭山洞让游戏变得更加有趣。孩子们知道了一个车厢接着一个车厢就会变成了长长的火车,山洞一个接着一个就会变成长长的山洞。让孩子们自己探索和发现,才会获得更多的收获与体验,才会有更多的兴趣去支持他们继续探索和玩耍。

游戏中,我们要尊重孩子,以孩子的视角、思维去理解他们,激发他们的兴趣。他们充满了无限的可能,对新鲜事物的好奇远远超出了我们的想象,所以,当孩子们在成长的同时,我们也在一同成长,在孩子们的世界里遨游畅想,你会发现很多趣事。换句话说,他们也是我的老师,带领我走进他们充满奥妙的世界,让我的生活充满了美好,也收获了满满的爱和快乐!

牛 奶 找 朋 友

刚读小班的杨杨很特别,在幼儿园早餐时,从不喝牛奶,刚开始我以为他是对牛奶过敏,我跟家长交流沟通后才知道这个宝贝从来不喝牛奶是因为他不喜欢喝。于是,从那以后,我对他有了特别的关注。

又是早餐时,我看小杨杨很快就把馒头和鸡蛋吃完了,就留下一杯牛奶,我轻轻地走过去,鼓励并夸奖道:"宝贝,你好棒,鸡蛋和馒头都被你吃完了。可是还有一样食物被你忘记了,你知道是什么吗?"

小杨杨看了看杯子里的牛奶说道："牛奶。""嗯,宝贝你知道吗? 牛奶好伤心,好孤单,因为它和它的朋友分开了。"小男孩用疑惑的表情望着我,我补充道："牛奶的好朋友:鸡蛋和馒头,被你邀请到你的肚子里面做游戏啦! 可是它们忘记带上牛奶了,你能邀请牛奶也到你的肚子里跟它的朋友们一起游戏吗?"宝贝好像听懂了我说的话,小杨杨马上端起杯子咕噜咕噜地把牛奶喝光了。

宝贝端着杯子反问我道："老师,现在它们又能做好朋友了吗?"我说："当然,你帮助它们又在一起了呀! 你真棒!"此时,我从孩子清澈的双眼里读出了快乐与骄傲,而我,如沐春风,自豪感洋溢心间。从那以后,这个小男孩再也不排斥喝牛奶了,每次都会主动大口喝完自己的牛奶。

孩子的世界是天真善良的,朋友是能够给他们带来快乐和陪伴他们成长的重要伙伴。老师通过共情、游戏情境让孩子体验帮助朋友团聚是多么的开心与骄傲! 在孩子的眼里,快乐和满足往往来自生活中细微的小事,沉浸在自我的小世界里,那个世界充满了欢声笑语和无限好奇。我乐于沉浸在孩子的世界里,用孩童的眼光,站在他们的角度去思考,去探索,去感受他们那个绚丽的乐园带给我的惊奇与快乐!

教育不仅仅只在课堂上体现,而更应是生活中无处不在、无时不在的引导和发现,也正是这样,教育如涓涓细流持久地滋润着孩子们的心田。提供适合的教育,保障幼儿健康快乐的成长,在生活中欢笑,在游戏里学习,在探索中成长。

幼儿园是充满色彩的乐园,孩子们快乐生活、开心游戏、愉快学习是我们一直所追求的。现在的我犹如一个刚从小班毕业即将升入中班的孩童,从踏进幼儿园这个五彩缤纷的百乐园起,我就跟孩子们一样,同他们快乐游戏,伴他们健康成长。我努力向孩子们学习,是他们教会我更好更快地走进孩子的世界,带我领略另外一番风采,我乐在其中,无法自拔。

程小丽

小小蚂蚁大揭秘

花园里的小秘密

　　微风和煦，阳光甚好，我带着孩子们来到户外的花园里，去寻找花园里的秘密。"孩子们，你们在花园里都看到些什么？""金盏菊、紫薇、黄桷兰、蝴蝶，还有藏在树叶下的毛毛虫……而且只要毛毛虫不动，我们就很难发现它。"孩子们争先恐后地抢答到。"老师，快看！"随着左左、右右两个小朋友的一声吆喝，孩子们竟然全部跑到了黄桷兰树下。

　　原来他们用木棍撬开了泥土，在泥土下面发现了蚂蚁和蜗牛。"老师，泥土下面有蚂蚁，还有蜗牛。""它吃什么？蜗牛是虫吗？""今天这里怎么有这么多的蚂蚁？这附近肯定有蚁穴，在哪里呢？""我们一起找找蚂蚁的家吧！"孩子们的小问号一个接着一个。这让我不禁想到了5—6岁幼儿的探索欲和求知欲以及学习的主动性，特别是对大自然中动植物的生长规律、生活习性有着强烈的好奇心。

　　"蚁穴肯定就在附近吧，要不然怎么会有这么多蚂蚁？"听到小刘的提议，孩子们便在附近找起了蚂蚁的家。找了一会儿，孩子们感觉没有头绪了，米乐说："找不到它的家，不如我们把它们带回去养吧，这样它就有家了啊。"于是乎蚂蚁便开启了新的旅程，而孩子们也开启了新的探索之旅。

蚂蚁探究停滞不前

蚂蚁被安置在科学区的一个封闭性塑料盒里,随之出现在了放大镜下,孩子们的探索欲就这样被激发得淋漓尽致。那段时间听到最多的就是"蚂蚁"二字,孩子们争先恐后地议论,"蚂蚁吃什么? 苹果、米饭、面包、糖……不吃什么呢?"

一次偶然机会听到米乐和小刘两个人的对话:1. 这些小蚂蚁到底有几只脚? 2. 蚂蚁的家里有多少成员呢? 3. 它们是怎么喝水的? 怎么排便的? 孩子们的对话折射出他们对蚂蚁的探索兴趣,迫切地想要了解蚂蚁的特征、种类、分工等。我应该怎样引导他们自主观察,通过直接感知、亲身体验和实际操作进行科学学习一只小小的蚂蚁,从而全方位地认识整个蚂蚁家族?

幼儿的科学学习是在探究具体事物和解决实际问题中,尝试发现事物间的异同和联系,而非对幼儿进行灌输和强化训练。教师作为支持者和引导者,应该如何引导幼儿观察蚂蚁的外型特征、生活习性,进一步发掘与环境之间相互依存的关系? 如何建立起概念之间的关系并尝试用语言描述总结所发现的规律……孩子们兴趣已经爆棚,为什么不去进行更好的刺激,满足他们的探索欲呢?

我悄悄记录下孩子们的问题,走出了教室。于是我果断放弃当月主题教学,设计了包括《放大镜下的蚂蚁》——观察蚂蚁的身体结构;《蚂蚁吃什么》——猜想并验证蚂蚁吃的食物;《蚂蚁家族》——观察认识蚂蚁的群居行为和习性等一系列探究活动。

孩子们争先恐后地喂养科学区的蚂蚁,每天都要去观察好几次,可是几天过后兴趣便泯灭了,是因为蚂蚁们相继地死去了。"它们为什么会死,饿死的,孤单死的?"一系列的问题接踵而来,《蚂蚁》课题暂时停滞。

蚂蚁工坊助攻探索

一次偶然的机会，我在网上看到了蚂蚁工坊，"五脏俱全"的蚂蚁生态园，专用喂水区、投食区、工作区域，一个完整的体系，更利于幼儿进行系统的观察。为了重新激起幼儿对蚂蚁的探索欲并在探究过程中验证自己的想法是否正确（蚂蚁死去之谜），我决定购买4个送给孩子们。当收到蚂蚁工坊的那一刻，全班的欢呼声足以验证我的想法。

结合幼儿前期经验，这次他们商议决定"排班"轮流照顾蚂蚁。每天定时给蚂蚁投放食物和水并做好记录，观察蚂蚁吃东西的样子，绘制蚂蚁巢穴，分辨蚂蚁种类，认识蚂蚁分工……幼儿每日自主参与观察记录，从记录中认识蚂蚁。从最初自由探索到后期自发调动家长，孩子们在观察记录中探索蚂蚁的奥秘，在蚂蚁饲养过程中猜想并验证。

皮亚杰的建构理论中指出："儿童是在与周围环境相互作用的过程中逐步建构起关于外部世界的知识，并从而使自身认知结构得到发展的。"通过这个案例，我也进一步调整了自己的教学思路。在教学实践中，既要关注预定课程目标的实现，更要关注生成课程的实施。课程来源于儿童，兴趣来源于儿童，让儿童主动探索、主动发现、主动建构，通过直接感知、实际操作和亲身体验获取第一经验，从而在有意义的活动中实现新经验的建构。

3个月的精心饲养，到7月假期来临时，所剩蚂蚁寥寥可数，大家争先恐后地申请当假期饲养员，俨然蚂蚁已经成为班级一员。从最初花园里发现的小蚂蚁到后期的蚂蚁工坊的成功饲养，满足了孩子们对蚂蚁的探索欲望，使孩子们了解了蚂蚁的生活习性以及其与环境的相互作用。通过对蚂蚁的科学探究，让幼儿学习科学的探究和策略，更让孩子们在欢声笑语中习得科学的探究方法，体验了科学探究的快乐，而我也和孩子们共同成长了！

李　杰

第五章
把快乐带给儿童是教育的智慧

孩子的快乐很简单,有时仅是一个拥抱,有时只是一个随手画下的爱心,有时只是一句赞扬,有时只是一次得到肯定的尝试……教育的智慧就应唤醒孩子内心的快乐,引发心灵与心灵之间的互动,让孩子脸上笑逐颜开。有的智慧在突发的一个事件之中;有的智慧在举手投足间的一个小细节里;有的智慧在"预谋"的一个活动中。

童真无邪,是每个幼童的特质。每每看到欢笑童颜,老师的心中就算有再多的愁云也会烟消云散,仿佛孩子一笑世界都会变得明媚,充满了阳光。

都说孩子是快乐的天使,那我们成人就应创设让每一位天使都快乐的环境。快乐能够带给孩子们身心愉悦的感受与体验,会激发孩子们的无限向往。孩子的快乐很简单,有时仅是一个拥抱,有时只是一个随手画下的爱心,有时只是一句赞扬,有时只是一次得到肯定的尝试⋯⋯

虽然孩子们的快乐很简单,但把快乐带给孩子却需要智慧,它并非简单地给予,而需要教师与孩子共同去创造。教育的智慧就应唤醒孩子内心的快乐,引发心灵与心灵之间的互动,让孩子脸上笑逐颜开。有的智慧在突发的一个事件之中;有的智慧在举手投足间的一个小细节里;有的智慧在"预谋"的一个活动中。教育智慧是一门师幼互动的艺术,它存在于一日活动的各环节中,因为一日活动皆课程,亦或生活无处不教育。当然,每个教师都有自己的教育智慧,它会让幼儿园的生活富有乐趣与挑战,让活动更加生动,会感染孩子们,使他们变得更加机智与幽默。

动之以亲情,创欢笑乐园。歌里这样唱,老师像妈妈,爱心浇灌你我她。有很多年轻的老师,还未结婚,却早有了当妈的感受。小班开学第一天,可以想象,那简直是一场超级不整齐的另类"大合唱"。老师真的就像妈妈一样,左手一个,右手一个,旁边还挨着一个,焦虑严重的孩子还需要老师抱着才能午睡。逐渐地,教师开始施展智慧的魔法,利用各种方法分散他们的注意力,让幼儿园变成了一个好玩的地方,孩子们也破涕为笑了,开始爱上这个新的家庭。师幼之情犹如母子之情般亲密无间。

晓之以师理,明万物之序。冲突,是群体生活中不可避免的,更何况这是一个黄发孩提的群体呢?同伴之间出现矛盾,双方僵持,此刻彼此眼神之间充满了无限委屈与无数理由,惹得人心生怜爱。为了不让半分委屈存在,教师要理解孩子的情绪,努力引导他们还原事实的经过,从而解开其中的误会,同伴间握手言和,甚至成为了彼此好友。每次争执背后都有着一个故事,教师就是那个让悲伤的故事明亮起来、让泪眼变成笑眼的人,用无数的道理引导孩子们学会与他人相处,磨圆了带刺的棱角,孩童的小世界从此春风和气、欢声笑语。

齐之以礼格,养美德品行。人之初,性本善。人最初,即孩童。每个孩子的内心都有颗善良的种子。但在成长过程中,不免某些时候会有些偏差的小行为,但教师却能敏感地将其捕捉,并用智慧将其修正,引导其健康发展。品德与礼数,是给他人的第一印象,美好的品德犹如冬日暖阳,让人欣赏。

导之以学行,引自主发展。世界对孩子来说充满了新奇,他们总是乐此不疲地探索。孩子们的有些探究在成人看来何其简单幼稚,但对于他们,却是惊奇的大发现,在收获惊喜之后是满满的成功感。教师的智慧在于知道的却不说,伸手就够到的却不拿,能做的却不做,把所有的事情都交给孩子们自己解决。孩子们的小主人感与日俱增。自主、自立、自信展现在每个孩子的身上,快乐的笑容洋溢在每个孩子的脸上。

在新幼,教师是全能的,也是无能的。全能在于她们什么都会,专业技能感十足,无能在于她们把所有的事情都交给孩子们,她们有时只是一个旁观者,在一旁静观其变;有时只是一个"支架",为孩子的下一步提供平台;有时只是一个同伴,在孩子的带领下嬉戏。

教师与孩子们的日常,每天上演着不同的剧情,故事很多,剧情很精彩,带给每个孩子快乐,就是教师无穷无尽的教育智慧!

翘首期待　喜获快乐

　　"真诚期待"源于美国著名心理学家罗森塔尔的一次有名的实验。罗森塔尔的"权威性谎言"对教师产生了暗示,启发了教师对名单上学生能力的评价;而教师又将自己的这一心理活动通过情绪、语言和行为传染给了学生,使他们强烈地感受到来自教师的热爱和期望,变得更加自尊、自信和自强,从而使孩子们各方面都得到了进步。在这里,教师对这部分学生的期待是真诚的、发自内心的,因为他们坚信这部分学生就是最有发展潜力的。可见,真诚的期待对孩子是最有发展潜力的,也是那么重要!

　　班上每周一次的"班长竞选"活动开始了,这个活动由孩子们自愿报名参加,亲子一起准备演讲词,于每周一进行演讲,最后由班级的小朋友投票选举产生。这次于浩也参加了,他可是其他小朋友眼中最调皮、最好动的家伙。这次竞选他能成功吗?星期一,孩子们演讲完后开始投票了,果然,于浩得票最少,只有他自己投自己的一票。我心想"小家伙的自信心倒还不错",不过他可是竞选以来得票最少的一个。从他的表情里我看到了失望和伤心。我应该给他一个机会。"孩子们,你们为什么不选于浩?""他那次打我了。""他吃饭时爱讲话。""他午睡慢。"孩子们争先恐后地述说着于浩的罪状。于浩不好意思地低下了头。"是这样吗?"于浩轻轻地点了点头。我话锋一转:"可是,他今天来参加竞选是不是很勇敢呢?""是。""那我们把掌声送给勇敢的孩子好吗?""好!"孩子们都鼓起掌来。于浩有点不好意思了。"那你认为什么样的孩子能当上班长?"我问于浩。"能给小朋友做好榜样,能给老师当好小帮手的孩子。""那你能做到吗?""能!"于浩肯定地点了点头。"我们再给于浩一次机会好吗?赞成于浩的请举手。"我说完,只见教室里一双双小手都举了起来,我被孩子们的宽容感动了。于浩终于当上了班长,他很努力地克制着自己的坏毛病,虽然有时也犯错误,不过管起别人来可是一套一套的:有人乱丢垃圾了,于浩马上叫他捡起来;吃饭时有人讲话了,他立刻制止……看到于浩在自己的岗位上干得这么有声有色,我真庆幸给了他这次机会!

教育的核心目的不在于传授知识与技能,而在于使受教育者萌发理性智慧、启迪道德良知和熏陶诗意人生。每个孩子都是具有发展潜力的,只是我们有时缺少伯乐的眼光,没有发现孩子的潜质;我们也缺少可供千里马自由驰骋的天地,导致孩子的才能无法得以施展。因此,教师必须为孩子搭建施展他们才能的平台,让他们大显身手。这样,教师对孩子的认识又会更深一层,对孩子就会增添更多的欣赏与喝彩。减少了轻视与指责,我们在一言一行中就会真诚流露出对孩子们的期待。

初夏的幼儿园到处生机盎然,五颜六色的鲜花吸引着翩翩彩蝶,青翠欲滴的绿叶间躲藏着忙碌的昆虫。呀!这正是带领孩子们亲近大自然的好时节!在一个风和日丽的上午,我带着孩子们来到花园,几分钟的安全叮嘱后,孩子们兴奋地散开并自由玩耍着。我抽身来到长廊上坐了下来,想放松一下发软的双腿。"快看,蜗牛流血了!""不对,这是蜗牛的大便!"两个孩子的争吵声引起了我的注意,只见有几个孩子正围在一起看着什么。我也不由自主地走了过去,只见草地上有一只蜗牛,它的身后有一团一圈一圈红红的东西。"潘老师,这到底是什么呀?""我也不认识,可能是蜗牛受伤了吧。"我敷衍道。"不对不对,这是蜗牛的大便!"天天着急地说道。"真的吗?你是怎么知道的?""是真的,我和爸爸一起在书上看到的。""那蜗牛的大便为什么是红色的?"雨雨问道。"是因为蜗牛吃的东西消化不完,所以它吃什么颜色的食物就拉什么颜色的大便。你们看,它是一圈一圈的!"天天像个小博士似的说着。"天天,你真了不起!"我赞赏道。"嘻嘻,潘老师也有不知道的,天天比潘老师知道的还多呢。"

每个孩子都是有个性的,其发展的能力、方向都不完全相同。有的表现得非常活跃,有的则默默无闻。今天,我换个角度想一想,发现孩子们各有各的特点,有的善于组织,有的善于表达,有的善于表演。换句话说,有的是帅才,有的则是将才,还有的是军师。看来对孩子从欣赏出发,对孩子的期待也就真诚了。经常蹲下身子看一看,就会发现孩子们真的很了不起! 如果我高高在上,以成人的要求来看待孩子,看到的永远只能是一无是处的孩子。在这种情况下,要对孩子真诚期待,谈何容易? 如果我们蹲下身子仰视孩子,我们就会发现,他们是多么了不起! 如果我们蹲下身子看一看,那孩子们在我们的心目中就会变得高大。有了这种感觉,教师对孩子的肯定、鼓励就会发自内心,对他们的期待就会非常真诚。

岁月生香,一树一树的繁华,绿也轻盈,黄也自在。教育孩子就像牵着一只蜗牛在散步,我要让心中常驻一只蜗牛,充满真诚的期待,牵着它悠然向前走。

潘茂利

爱在心灵　一路阳光

云山苍苍,江水泱泱,师者之风,山高水长。源泉混混,童真无伤,师友情重,来日方长。

周末,我站在阳台上,感受夏季的暖风拂过脸庞,阳光穿过云层,透射出金色光芒。楼下,一群孩子在嬉戏玩耍,他们快活的笑声让我不禁想起我的孩子们。

四年的幼教生涯,充实了我的青春岁月,虽然与平凡相伴,没有光环,没有掌声,有的只是生活的忙碌与肩上沉甸甸的责任。但这看似枯燥乏味的生活,却在不经意间给予我许多欢乐和感动。已经不记得有过多少次和孩子们一起玩耍的时光,我们把长方形、正方形筑成高楼大厦;用红粉笔、绿蜡笔描绘未来世界;拿碎花布、细丝线编织美丽的童话……就这样,我的青春因为这些童稚的孩子们而逐渐闪耀,而这些稚嫩的心灵也唤醒了我的童趣和童真。作为战斗在幼教第一线的教师,天天接触到一群天真烂漫的孩子是一种幸福。悠悠岁月,沉淀了多少爱意,片片真情,留下了多少感动。明知年华终将逝去,孩子们会长大,我也会变得苍老,但因为他们,我的心灵始终年轻。感谢孩子们给了我年轻的心;感谢幼教这个职业,让我找到了人生的方向。

在我们班级的小椅子上,时常坐着一个性格孤僻的小男孩——俊俊。在其他小朋友一起游戏的时候,他默默地坐在一旁;在小朋友们欢快地嬉笑时,也看不见他的笑容。他总是一个人坐在小椅子上,呆呆地望着窗外,独自承受着这个年龄不该有的孤独和寂寞。

直到有一次班级游戏,我请小朋友为大家表演节目,不知是谁唱起了那首《世上只有妈妈好》,接着大家都跟着唱了起来:"世上只有妈妈好,有妈的孩子像块宝……"突然,我发现俊俊也在小声地跟唱,小小的脸上布满了落寞,眼神里充满了对母爱的渴望与向往。我不禁伸出自己的双臂,将俊俊紧紧地拥抱在怀里。原来,由于父母长期在外地工作,他一直和爷爷奶奶一起生活。老人只关心孩子有没有吃饱穿暖,却不知道他心里在想什么,也没有太多精力陪孩子去哪里玩。我想,我一定要为这个孩子做点什么!

从那以后,我对俊俊也就倾注了更多的爱心与耐心,小心翼翼地呵护着他那颗容易受伤的心:轻轻为他擦去流下的鼻涕,蹲下身来帮他卷起拖在地上的裤管,像朋友一样和他聊天;给予他更多肯定的微笑与鼓励。开始俊俊只是沉默以对,但渐渐地,俊俊开始把他的一些小秘密告诉我:"雷老师,我想去动物园玩,爸爸妈妈答应放假回来带我去。""雷老师,浩浩今天约我到广场去玩……"最后,我们成了无话不谈的好朋友,我鼓励他要多与小朋友一起玩,多表达自己的想法。

每个孩子都是一本有趣的书,要想读懂这本书并不容易。只有爱他们的人才能读懂。作为老师,我们应善于发现幼儿的差异,捕捉幼儿的闪光点,利用不同的教育方法,尊重和理解幼儿。教育与爱是我们工作中自然发生而又相互联系的,我们要适当结合,慢慢摸索,才能更好地运用它们,才更懂得什么是教育中的爱。

渐渐地,俊俊脸上的笑容多了起来。终于,在我们班级每月一次的幼儿餐前表演中,俊俊迈出了勇敢的一步。他第一次主动走到了大家面前,给小朋友们讲了《猴子捞月》的故事,故事结束,教室里响起了热烈的掌声,俊俊站在台上,笑得像花一样灿烂!那一刻,一丝清凉浮过心头,我暗暗松了一口气,看着日渐开朗的俊俊,心里有说不出来的安慰。原来,孩子幼小的心灵总是天真善良的，只要有雨露和阳光，他们就能蓬勃向上。

　　孩子的心仿佛一片明镜，你对它温柔以待，它便也温柔待你。一天，俊俊跑进我的办公室，小手伸进书包里拿出一盒润喉片递给我说："雷老师，你昨天感冒咳嗽了。我和奶奶给你买了润喉糖，这样你就不会在讲故事时候咳嗽了。"那一刻，我的心充满了惊讶和感动，我接过这份充满爱意的礼物，喜悦和感动交织的泪水霎时漫过眼眶。原来真诚如此简单，简单到用一盒小小的润喉糖就能表示，却又那么沉重和珍贵。珍贵得让我心甘情愿地付出一生的时光去做好一名普通的幼儿教师。宫崎骏在他的漫画中说过："每一个灵魂都需要安放，当找到真正契合的对象，他会毫不犹豫地打开心门。"诚如斯言！

　　爱的力量是巨大的，它像润物细无声的春雨，像和煦的春风。所以，我一直用自己最真诚的心，平等地爱着身边的每一个孩子。无论他相貌如何，无论他是否聪颖，每个孩子都有被爱的权利。每个孩子都需要老师热情的关心和耐心的教育，特殊情况的孩子更是如此。对待这样的孩子，教师需要付出更大的努力和更多的爱心，让他们和其他孩子一样，有一颗健康的童心。我相信，爱，终究会创造奇迹！它也会给我们带来猝不及防的感动，温暖我们的心房，充实我们的青春。面对那一双双洁净明亮而又纯真的眼睛，面对那一张张稚嫩可人的面庞，面对那一声声清脆响亮的"老师"，我心甘情愿付出慈母般的关爱去呵护浇灌那一颗颗幼小的心灵，让他们健康快乐苗壮成长。

　　四年的默默耕耘、四年的真诚相交，让我收获了一段段真挚的情谊，也让我们得到了一颗颗纯净的心，同时，也坚定了我未来的信仰。

雷培培

智慧倾听　感受童心

"老师"、"朋友"、"伙伴"这三个关键词是我对师幼关系的定位。师幼互动中最重要的就是倾听孩子的心声，用心呵护每一个孩子，用爱陪伴他们成长。做孩子有效的倾听者，要让孩子把话说完，真正去理解孩子的言行。

认真倾听孩子的话，不仅是在对孩子进行平等做人、平等对待自己的教育，也是走进孩子心灵的有效途径。然而，做一位智慧的倾听者，把快乐传递给孩子需要付出时间、耐心和包容，更需要老师放低身段"蹲下来"、"走进去"，去观察、去理解。

一、蹲下来——倾听孩子的声音

倾听——是一门艺术，也是教师的一项专业能力。认真倾听孩子日常的话语、提问和交流，不仅是让孩子享受被尊重的平等，更能让老师感受孩子的感受，发现孩子的发现，真正了解孩子在想什么，要求什么，希望什么，真正领会他们的所想、所思、所愿，真诚地为孩子的创想而高兴，为孩子的成功而喝彩。然而做孩子的倾听者需要付出时间、耐心和包容，更需要老师放低身段"蹲下来"去观察、去理解。

在一次大班绘画活动中，绘画的主体是动物，然后请幼儿自由创编、发挥想象力为主体物添画背景。部分幼儿精心为小动物加上草地、小花、白云、小鸟等背景,画面都非常漂亮。可当我看到西西正拿着黑色的记号笔胡乱在画纸上打圈的时候,由于疑惑和不解导致坐在他旁边的小朋友向我"举报":"老师,西西在乱画……"西西被突如其来的告状吓得愣住了,此刻我意识到孩子创作的思绪被扰乱,接着我走近孩子蹲下来温柔地说:"你画的是什么呀? 愿意和我分享吗?"西西刚开始还很胆怯,手遮住画不让我看。我继续用肯定的语言说:"你这幅画非常有个性,你能给我讲讲它的故事吗? 我猜里面肯定藏着老师想不到的故事。"这时孩子脸上洋溢出自信的微笑回答我说:"老师,我画的小刺猬遇上了超级龙卷风,它已经被龙卷风包围了。"听到孩子非常有创意的想法后,我非常庆幸,鼓励孩子用自己的语言果断表达出独特的想法,其中的意义是非常有价值的,站在孩子一样的高度去欣赏,去理解,总是会挖掘出五彩缤纷的精彩故事。所以,教师应多倾听多沟通,为孩子提供表达的机会,只要多倾听,孩子总会还你一个令人惊叹的"哇"时刻!

多一份沟通、多一份理解、多一份信任、多一份商量,蹲下来倾听孩子的声音,和孩子保持一样的高度,进行平视的交流和对话,那么孩子反馈的信息往往会超乎你的想象。

二、走进童心——感受孩子的世界

我喜欢亲近孩子,因为我认为与孩子结成轻松自在的朋友关系后,会非常容易走进孩子、了解孩子,倾听他们最原始、最纯真的心声,每一个快乐瞬间都充满着惊喜。记得陶行知先生说过"生活即教育",孩子是游戏的主体,他们有自己的活动方式、成长轨迹,你走进了、看到了、听到了,才真正了解了他们,才能够和他们做朋友! 在一日活动中,教师与孩子待在一起的时间非常紧凑,沟通也非常密切,教师多挤出一点时间与孩子交流,甚至可以将交流的话题转变为课程,因为只有孩子感兴趣的活动及游戏,孩子的积极性与参与度才会高。

大班的晨间区角活动中,我发现好多小朋友聚集在益智区玩迷宫图,当他们胜利走出迷宫后,欢呼雀跃的神态使我至今都记忆犹新。但是,有一个声音突然冒出来:"其实我早就知道了。"原来是站在一旁的西西哥哥。于是我走进来问他:"哇!你这么厉害!那这些迷宫你都会走了吗?"西西自信地回答:"我都走了很多遍了,而且特别快哟!"我接着追问:"特别快?那说明这个迷宫图对你来说,没有难度,那你想不想当设计师来设计一个更难的迷宫呢?"话音刚落,其他孩子都围了过来自信地说:"我可以,我也可以,我设计的迷宫肯定没有人能闯过关。"通过查阅资料、小组讨论,孩子们尝试设计迷宫,评选出孩子觉得最难的迷宫。于是,在简短的沟通与倾听中,我和孩子们一起发现、一起创造,就这样一个幼儿感兴趣的活动就华丽诞生了。

所以我认为:"好的课程灵感也可以来源于孩子。"多用一些爱的眼神、爱的动作去亲近孩子,消除他对教师的距离感、畏惧感,从而增加信任感、依赖感,孩子们会主动地把心中的小秘密告诉你,并且在你面前无拘无束。

孔子对学生的教育是"先听,后循循善诱"。倾听孩子,意味着你开始尊重孩子的判断能力;倾听孩子,意味着你开始正确对待他们的情绪。成人的耐心倾听会给孩子充分的安全感,给孩子挑战自我的信心。在一点一滴的倾听中,我学会了蹲下来观察,欣赏孩子的世界;学会了耐心倾听,尊重孩子的奇思妙想;学会了把自己变小,做孩子真正的玩伴。

孩子的成长就如花开的过程,他们在得到充足的温度、阳光、水分后,到了花期,有时会在刹那间开放,有时又是一个漫长的过程。当你俯下身来倾听孩子的心灵之音,重视他们的喜怒哀乐,关注他们的情感倾向时,你一定会收到意外的惊喜。

倾听花开的声音,我们能读懂花儿的心思;倾听溪水的歌声,我们能读懂山林的呼吸；倾听孩子的心声，我们能走进孩子快乐的世界……

唐雪娇

绘本故事的情绪魔力

对于新入园的小班来说，这样的场景一点都不少见：开学第一周很多的孩子一入园就开始哭泣"我不要上幼儿园，我要爸爸妈妈"，教室里哭声一片，有的嘤嘤啜泣，有的嚎啕大哭，有的冷静旁观……作为教师的我们都知道这是孩子们正处于入园分离焦虑期，即婴幼儿与某一特定人结系亲密关系又要与之分离时，产生的哭闹、痛苦以表示拒绝分离。分离焦虑是一种情绪、情感的反应。

熊熊就是一个有严重入园分离焦虑的孩子，每天到幼儿园老远都能听到他的哭声，妈妈把他送到教室门口时，他更是撕心裂肺地哭闹。我从熊熊妈妈那儿接过来后，不管怎么安抚他都一直哭。

绘本《魔法亲亲》有魔法

艰难的第一个月过去了，班上其他的孩子都已经逐步适应了幼儿园生活，只有熊熊的入园分离焦虑还是没有得到缓解。面对这样的情况，我特地找了时间与熊熊妈妈进行了交流，熊熊妈妈说孩子从出生到现在一直都是她一个人在带，几乎没有离开过她。所以熊熊的分离焦虑期比较长。

根据我多年的绘本故事经验，我把《魔法亲亲》这本书推荐给了熊熊的妈妈。熊熊妈妈在当晚就给熊熊讲了这个故事。《魔法亲亲》讲的是小浣熊不愿意离开妈妈去一个陌生的环境,于是妈妈在他的掌心印了一个吻,每当小浣熊想妈妈的时候,就把掌心轻按在脸颊,妈妈的吻会温暖他的心,小浣熊就不会再孤独、害怕了。妈妈给熊熊讲完这个故事后就和孩子有了这个约定。

第二天熊熊到教室门口时依旧拉着妈妈的衣角哭泣着不愿离开。我走过去从妈妈手中接过孩子时说"宝贝还记得昨晚妈妈给你讲的故事吗? 我们一起来把妈妈的吻存起来,想妈妈的时候就拿出来",然后我就把熊熊抱了过来。这时熊熊愣了一下,哭声变小了。我带着他坐到座位上,他小声地抽泣着,安静地看着周围的小朋友。早操时间到了,孩子们都来排队准备去操场,熊熊还坐在位置上不动,我便走过去牵着他的手说:"走,我们一起去做早操吧!"他开始哇哇大哭起来。我蹲下身抱着他轻轻地说:"还记得妈妈的吻吗? 我们拿出来看看吧!"他低下头看着自己张开的手掌,我把他的手拿起来贴在他脸颊上说:"妈妈也在想着熊熊呢!"他果然止住了哭声。

在接下来的几天里,我和他妈妈都坚持按照故事里面的约定去帮助熊熊。慢慢地,熊熊从一直哭,到时不时哭,到偶尔哭,看到熊熊一点点的变化和进步,他妈妈和我都感到很欣慰。接下来,熊熊妈妈又在我的帮助和指导下继续给孩子读了《存起来的吻》《我妈妈上班去了》《小猫头鹰》《小魔怪要上学》等绘本故事。这些书可以唤起孩子的共情能力,可以缓解孩子的分离焦虑。

贝壳故事解焦虑

为了帮助熊熊更好地适应幼儿园生活,不仅仅是让他在他入园时不哭,还要让他更好地融入到区角活动中。我接下来又借鉴创编绘本故事《小贝壳》,这个故事的主题温暖,带着家的气息,让孩子学会在自主游戏时间里用简单的材料来玩耍，即便是一篮贝壳也可以玩出很多花样来。

小贝壳的故事是这样的：蓝蓝的大海里，一只白色的小贝壳独自漂啊漂。它惊叹着："我会到哪儿去呢？""我可以做些什么呢？"忽然，一个波浪涌来，"噗嗤"一下，就把小贝壳裹进去了：噗嗤噗嗤，滚呀滚……小贝壳翻了个身，刚刚落下来，另一个浪"噗嗤"一下，又把它裹进去了：噗嗤噗嗤，滚呀滚……小贝壳还没来得及猜自己会不会肚子朝天掉下来，又一个大浪"噗嗤"一下，再一次把它裹住了：噗嗤噗嗤，滚呀滚……这个浪把小贝壳抛到了金色的沙滩上。

小贝壳躺在沙子上，它那粉红和粉白的美丽花纹在晨光中闪闪发亮。它问自己："我会到哪儿去呢？我可以做些什么呢？"

这时候，一个老奶奶正沿着沙滩散步。她在沙滩上走着走着，看到了小贝壳。她捡起贝壳，看着它说："我认识一个小女孩，她一定喜欢跟你玩。"说着，她把小贝壳带回了家。

小女孩看见老奶奶带回家的贝壳，拿起贝壳玩了起来。娃娃们开茶会的时候，贝壳刚好可以当盘子。后来，小贝壳又成了玩具小熊的电话。

奶奶坐在阳台上，看着孙女玩。小女孩说："奶奶，谢谢你——它真是一个可爱的玩具。"

小贝壳终于找到了一个朋友和一个家。它知道，这就是自己想来的地方，这就是自己想做的事。

熊熊安静地依偎在我身旁听完这个故事。我问他："熊熊在幼儿园最喜欢玩什么游戏呀？"他小声地说："玩贝壳。"于是我从柜子上端下一篮贝壳，请他选了一颗他最喜欢的贝壳，建议他带着贝壳到教室里去玩耍。拿着贝壳的熊熊愣了一下，然后他带着贝壳来到了建构区，他说给贝壳搭一间房子，这样贝壳就能永远在家了。接着他又带着贝壳进行了看书、滚球的活动。

就这样熊熊的分离焦虑逐渐减轻，在贝壳的陪伴下他开始关注教室里的玩具，并尝试主动去探索自己感兴趣的玩具了，他的脸上也渐渐露出了灿烂的笑容。

快乐情绪融集体

集体活动中用绘本故事帮助孩子们认识情绪也是缓解分离焦虑的好办法。人类表达情绪的主要方式是一样的,笑表示快乐、哭表示悲伤。

在对小班孩子进行教学时,我开展了绘本故事《表情游戏》的健康活动,在活动中让孩子通过观看他们在生活中各种情境下产生的不同表情的照片,孩子们知道了五官的变化会产生各种表情;然后通过模仿做高兴、生气、伤心、愤怒时的不同表情,知道了不同的表情反映了人的不同情绪。熊熊在表情游戏中也模仿出了各种夸张的表情,活动中他能够轻松地接受各种表情,由此我也断定他已经成功地度过了分离焦虑期,不再沉浸在悲伤难过的情绪里了。在此基础上我还开展了绘本活动《笑脸娃娃》的健康活动,孩子们知道了不仅笑的时候漂亮好看,而且经常笑还对身体有好处。还跟孩子们约定以后的每一天都要笑着跟老师问好,这样我们的每一天都会非常快乐。果然第二天熊熊老远就笑着向我问好,喊秦老师早,还给了我一个大大的拥抱,牵着我的手主动和妈妈说再见,并给妈妈做了一个很夸张的飞吻动作。看到熊熊有这么大的变化,我和熊熊妈妈都分外欣喜。

心理学研究成果表明:当一个人能够觉察、分辨自己的情绪,了解情绪的来源时,才有可能用适宜的策略来调节自己的不好情绪。绘本故事以精美形象的画面、生动有趣的语言让孩子们在阅读的过程中轻松地明白许多人生的道理。故事犹如通往孩子内心的幽径。如果一个故事凭借充满想象力的隐喻,如实呈现孩子的心灵状态,并带着爱和鼓励,提供一种解决不良情绪的方案,孩子就会接受到故事的讯息,并调节好自己的情绪。娓娓的讲述或绘声绘色的演绎,犹如一剂良药,随着美好的情节将安宁、信任、光明、喜悦缓缓注入孩子们的心田，令人惊喜的变化由此而发生……

在每一次绘本故事活动中，看着熊熊不由自主地露出甜甜的笑容时，我知道绘本故事的魔力正在悄悄地发生。

秦 妍

"班长"是夸出来的

在幼儿园里当老师久了,我们就会发现,孩子们特别希望得到老师的夸奖和称赞,不论是在幼儿园还是在家里,都把老师的夸奖当做最高奖赏。如果,小孩子要是能在班里当个小组长、小队长、中队长、班长什么的,那就是特别高特别高的奖励了。所以孩子们到了中大班就比较看重自己的荣誉,他们有了荣誉感。争当组长、班长什么的成为了幼儿园大班孩子的一种常态。我们班的孩子在这方面有许多许多有趣的事情发生,其中最特别的就是我将要讲到的这个故事的主角——小曹曹,我们一起来看看这个班长是怎样被"夸"出来的。

小曹曹是班里年龄比较小的孩子,他和乐妍、萱萱、娇娇都是要再读一个大班的孩子。别看他年龄小,可他是个人小鬼大的机灵鬼。

一天午睡前,小朋友们几乎全部都已上床做好了午睡准备,已经到了睡前故事时间了。小曹曹和乐妍才边用手擦着脸上的汗水,边嘀咕着走进午睡室。"哎呀!累死我们了。""我们终于把小朋友没有收拾的东西,整理好了。""什么情况?"我赶紧走出午睡室,刚才乱放的椅子摆放得整整齐齐,餐后小朋友玩得乱七八糟的玩具全部被收拾得干干净净!我赶紧回到午睡室拦住刚才的两个孩子:"这些都是你们整理的?""嗯!"两个小朋友微笑着点点头,脸上是自信的笑容。"你们两个可真能干,这班长做的不错!"得到了老师的认可,他们两个在以后的活动中干得更起劲了。

从那天以后,不论是不是该他俩值日,只要午睡前大家玩了玩具箱,椅子没有收拾好,就能看到小曹曹和妍妍在认真地收拾玩具箱和摆放椅子。因为他们是我们的"男班长"和"女班长"……就是在其他时间,小朋友吃饭时不小心弄洒了汤,你也会看到"男班长"拿着吸水拖把拖地的身影;女孩子摔跤了,"女班长"会马上拿来纸巾为同伴擦眼泪;"小帮厨"活动时,也会看到他们端着"装菜盆"在活动室忙碌的身影……

两个"班长"是怎么回事?那还要从老师无意识的几句"玩笑话"说起!

一天,小朋友们正好在做值日生,小曹曹和小妍妍,一个在用扫把扫地上的饭粒儿,一个在用簸箕把垃圾收集起来,他们做得非常专注,都不知道我一直在观察他们。等他们做完了,我用赞赏的眼光看着他们:"你们做得真好,看你们两个做事认真的样子,等小朋友们毕业了,你们可以到新班级去当'班长',你们做事认真又能干,可以给老师做小帮手呢!"

两个孩子听了,眼睛睁得大大的,开心地笑起来。"我们可以当班长咯!""哈哈哈!"好像从那天开始,两个孩子就总是以"班长"的标准来规范自己的言行,自觉地承担了"班长"该做的事!从他们认真的样子来看,就说是现在做班长,那也是杠杠滴。两个勤劳孩子的身影随处可见!

我当时也是半鼓励、半玩笑的话,夸出了我们的两位"班长"。其实,这份功劳既有偶然性,也有必然性!

教师的期望对儿童来说有着一股强大的力量,因为老师更多的关注,儿童很有可能真的就会按照老师期望的方向发展。同样的道理,我对小曹曹说他是班长,就是对他们有了期望,孩子们会按照老师期望的样子去发展,"班长"也由此而生。

我也时常关注着他,同时包容了他的缺点,赏识他的优点。这让他经常与我沟通、交流,我也不自觉地把一些精力倾注到他身上。如果,老师需要小朋友帮助了,我会不自觉地叫"小曹曹,你能帮我把这个东西送到办公室蔡老师那里吗?""小曹曹,快去把吸水拖把拿来!""小曹曹,我们去种植区劳动吧!"总之,把事情交给他我是会放心的,他做得也很好!

孩子们是需要赏识的,有老师的赏识,他们会变得更加自信,师生关系也会更加融洽。"老师,今天我们在建构区搭的是机场。我们的机场有餐厅、有登机口……"我很好奇他在干什么,于是反问他:"那你在做什么呢?""我是办卡的!我搬了琴凳在那里补卡。"我非常好奇,接着追问:"补卡?补什么卡?""就是补办身份证和补办登机牌呀!"我非常地吃惊,我对孩子丰富的生活知识和强大的学习能力表示非常震惊。一个5岁的孩子,只有几次乘坐飞机的经验,但是他们只需要几次就能够积累这么多丰富的生活知识,越是年龄小的孩子,他们越像海绵一样吸收各种知识。生活即课堂!古人云"读万卷书不如行万里路",在真实环境下的体验教育是最有效的教育。他们从生活中习得的经验知识再现到游戏中反复强化并传递给同伴。没有生活经验的孩子又通过游戏获得新的知识经验……

教育不是说教,生活就是课堂。新幼给了孩子很大的空间,让孩子们能尽情地发挥、发展;新幼还给了老师很灵活的时间和空间,老师能为孩子创设无限大的舞台,让孩子们去听、去看、去想、去说、去玩、去学……

孩子的成长离不开老师,老师的发展源于对孩子的爱和观察。夸出了"班长",成就了老师。

李 静

我们一定有办法

老师说,春天万物复苏竞生长,柳树抽芽摇曳身姿美;播种时节恰在春,嫩叶萌出换新颜……于是我们想种植。

我去问老师,老师说,你们一定有办法。

草 莓 夺 冠

我们今天讨论的问题是:自然角可以种什么? 小伙伴们积极地回答:"种西瓜,我喜欢吃西瓜。""种向日葵,长大了后,它会变成瓜子。""种草莓吧! 草莓漂亮又好吃。"……原来他们都是一群小吃货! 最终我们决定举手投票,草莓最终夺得了冠军。

(**老师有话说**:以往,孩子们与自然角里植物的接触往往是照料和一般性的观察。这次,我想让孩子成为自然角的主人,发挥自然角最大的教育功能。)

草莓夺冠啦,可是谁来当草莓管理员呢?

我去问老师,老师说,你们一定有办法。

草 莓 管 理 员

有个小朋友从花店里购买了一盆草莓,小朋友们都来迎接它。大家仔细观察,总结如下:3颗绿绿的草莓,4朵花苞。

讨论问题:谁来照顾草莓?

"陈老师(保育老师)可以照顾它。""我愿意来照顾它,每天给它浇水。"

最后,保育教师与每天担任值日生的幼儿一同照料草莓。

(**老师有话说:**教师应该学习倾听幼儿的兴趣与需要,为幼儿提供充分探索与表达的空间。)

绿绿的草莓变红啦,可是它有一个洞。

我去问老师草莓为什么有洞? 老师说,你们一定有办法知道。

草 莓 有 洞

讨论问题:草莓为什么有洞?

东东说:"可能是没有晒到太阳。"

小花说:"可能是值日的小朋友们浇水浇多了。"

可可说:"可能是草莓放得太矮了,可以放在我们教室的窗台上。"

我说:"宝贝们,那我们接下来应该怎么办?"

小周周说:"找出原因,再想想办法,要不然我们就没草莓吃啦。"

同时,小周周提议今晚回家和家人一起讨论这个问题,明天大家讨论自己找到的原因。

(**老师有话说:**草莓有洞,是孩子们关注的一个小点。同时也是一个兴趣点。探索是儿童的本能,冲动、好奇、好问、好探索是儿童与生俱来的特点。这种探索欲常常是稍纵即逝,如不及时捕捉,那么就如过眼云烟,了无痕迹。所以作为幼儿园的老师要关注幼儿的好奇心和求知欲。)

问诊有洞的草莓

今天老师组织我们讨论交流，说一说大家收集的资料。

多多说："草莓变红时，小鸟会偷吃，因为小鸟很容易发现红色的东西。"

可可说："因为这几天都在下雨，所以才烂果啦。"

老师说："那我们接下来应该怎么做呢？"

小周周说："我爸爸说红的草莓需要遮盖，最好用塑料布遮盖。我们浇水的时候，注意不要把草莓弄湿，因为一旦草莓被水溅湿后，草莓容易腐烂。"

东东说："我们应该把这些注意事项画下来，插在自然角里，我们每次照顾草莓的时候，就更明白啦！"

小花说："我要把我收集的资料贴在教室里，以后我就能记住草莓为什么有洞。"

我们把照顾草莓的秘诀，画成了一本绘本。

（**老师有话说：** 作为老师，我们需要支持幼儿探究性的学习活动，让幼儿带着问题去观察、实验和验证，通过自己的探究，发现问题的答案，自己得出结论。）

草 莓 的 故 事

小周周负责整理小朋友收集的资料，小花和东东负责一张一张地张贴在电视机下的墙上。多多叫了几个小朋友，把注意事项用画笔画下来。多多说："浇水时不能碰到草莓，我们可以画一个草莓，再画一滴水，再画个×。"保育老师带着小朋友去给草莓带上保护套，防止被小鸟吃。

最后，你们猜一猜，我们吃到了草莓吗？

（**老师有话说：** 皮亚杰的认知结构理论认为，幼儿认知和智力结构的起源是物质的活动,他们必须通过实际操作感知或者依靠表现认识事物,因此幼儿的科学活动也必须在与周围事物的互动中完成。老师必须积极地关注幼儿真实的生活世界和日渐丰富的经验世界,以积极关注生活作为基础点。自然角是不可缺少的一种教育资源,是孩子们观察、学习、情感体验的一个场所,是了解自然的一个窗口。

如何有效地创设自然角环境,发挥自然角的教育功能;如何激发幼儿的好奇心和求知欲;如何支持幼儿探究性的学习活动;作为一名幼儿园老师,这个值得思考。老师是幼儿探究性学习活动的参与者,老师要以伙伴的角色参与幼儿的探究;老师是幼儿探究性学习活动的促进者,引导幼儿明确自己的问题,并尝试解决问题。鼓励幼儿用多种方式表达自己的发现,感受幼儿探究性学习需要关注的是探究活动的过程。老师指导的关键是鼓励幼儿将自己的探索、发现、感受表达出来,老师是幼儿探究性学习活动的反思者。在自然角探究性的活动中,需要老师不断地去发现和记录,同时也需要老师有着专业知识的引领和指导。)

叶 维

种 豆 得 豆

教师在儿童的学习过程中到底充当什么角色？这是一个永久的话题，在整个故事过程中，教师适当退位，将空间留给孩子们，也许一个精彩的故事就这样开始了……

在一次户外活动时，孩子们突然发现保安爷爷正在收获红薯，孩子们被深深地吸引了，自发围观并不停地向保安爷爷提出各种问题："红薯为什么是红色的？红薯几月份种到土里？红薯几天就长大了？为什么红薯有的大有的小？为什么要用这个工具(锄头)去刨红薯……"我也对这些问题颇感兴趣，想和孩子一起探究下去。

各种各样的豆

孩子们从家里带来了各种可以种植的种子和块茎：土豆、大蒜、太阳花种子、百合种球、胡豆、豌豆、黄豆、四季豆、绿豆、红豆、小麦、玉米……孩子们拿着种子自发地观察起来："豆子有圆的、椭圆的；有大的、有小的；有黄的、有黑的……"同时进行了蒙着眼睛来猜测、触摸、闻味道、描述，豆子抛高、排序、豆子拼作品等活动。

三三小朋友发现四季豆种子上都有一个小洞洞："这个是不是就像人一样的肚脐眼……"

"老师这是什么种子？"孩子们纷纷跑来围观四季豆种子。

"老师，这是不是我们以前吃的四季豆？""我们可以种植四季豆吗？看看四季豆种子是否可以结出四季豆？"

我等待着的通过种植来探究的学习机会终于来了。一次追随儿童学习的步伐、支持儿童的探究精神与探究行为,让儿童充分体验探究过程的系列活动就在不经意间开始了。

四季豆种在哪里?

用什么种植四季豆,到底种在哪里呢? 让孩子们自己决定吧。

悠宝在红薯地里铲泥土装到奶粉罐里;乐乐从沙池里铲来沙倒进竹篓里;有的孩子把四季豆直接放到泥土的最上层,四季豆种子裸露在泥土上;有的小朋友把土挖很深的坑,将种子埋在土里;有的用手指摁一个小洞把种子塞进去;三三小朋友把种子埋在了我们乐乐大班的自留地里,还给种子浇了水……

孩子们猜测着谁的种子先发芽,对着自己的种子说悄悄话,希望自己的最先发芽。孩子们每天都去观察自己的种子,细心地照顾着他们的种子,并为它浇水。

三周过去了,孩子们的四季豆发芽了、长高了。可是,有的四季豆苗在孩子们的容器里慢慢蔫了。"是太阳晒的吗?""是下雨时雨淋的吗?""还是原来的容器太小了呢?"……这时候,四季豆种在我们乐乐班自留地里的三三得意地说:"我的没有蔫,我的已经长这么高了! 老师,他们的可以栽到地里吗?""当然可以呀。"

通过和孩子们一起查阅资料,我们找到了科学的种植距离和方法,其他孩子们的四季豆终于成功地移进了乐乐班自留地里。

"首战告捷",下一阶段的种植活动开始了!

豆苗变黄啦

又过了一周,三三突然发现移栽后的四季豆苗有七株变黄了,孩子们都指着变黄的豆苗焦急地说:"老师,为什么豆苗变黄了?"果果说:"不会是施肥太多,我们还一次都没有施肥呢!"牛牛说:"这几天都下雨,不需要浇水,难道是需要施肥?"诗雨和朱妹妹嘟着嘴:"我们才不施肥,我们要坚持给它浇水!"孩子们争论不休,我也无从决定,于是孩子们按照自己的方式开始实践。

有的坚持天天去浇水,多数孩子决定施肥!到底用什么做肥料呢?

圆圆说用像白糖一样的肥料,彤彤说用不要的烂了的蔬菜当肥料,萌萌说用我们拉出来的尿做肥料。"拉出来的尿是热的,四季豆会死吗?""一株施热尿,一株施加过水的冷尿。"彤彤带着几个孩子去厨房找来蔬菜,用桶发酵,腐烂一周后给四季豆施肥。我为萌萌买来罐子将孩子们的尿接着。他们按照自己的方法实验,施热尿的四季豆苗逐渐枯黄死了,施冷尿的四季豆绿油油的,施腐烂蔬菜汁的四季豆苗长势不如施尿液的,最后大家一致决定用加过水的冷尿液当作肥料。诗雨和朱妹妹的四季豆天天浇水,逐渐枯萎,她们的探究失败了,看来四季豆不是缺水才发黄的。

四季豆一大一大长高了,趴在地上怎么办?新一轮的问题出现了。

然然从教室找来吸管插上,吸管比四季豆苗还矮;彤彤和格格从活动室抬来长条凳,力气太小,长条凳立不起来,我协助立起来以后长条凳瞬间倒下;夏夏找来细细的枯树枝像盖房子一样将四季豆苗围起来;乐乐看到罗爷爷堆在旁边的竹竿,将竹竿插进土里,把豆苗缠绕在竹竿上。

过了一周时间,有的杆子连同豆苗一起倒了,有的豆苗长得比枯枝还高,有的豆苗不沿着杆子向上爬,直接爬到了地上,看着自己的豆苗,孩子们你看着我,我看着你,唯有乐乐的豆苗沿着竹竿使劲往上爬!孩子们纷纷找来竹竿,像乐乐那样为四季豆搭上了架子。

四季豆比高矮

四季豆一天天长高,孩子们在日常观察中争论不休,乐乐对三三说:"我的比你的高!"三三:"我不信,我们比一比!"小宝说:"用什么工具来比较高矮?"悠宝说:"用什么方法来比较高矮?"

绳子、木条、百变魔尺、卷尺、弹簧、魔力弹弹圈、水管玩具等成了孩子们的测量工具。该怎样测量呢?孩子们有了以下的对话。

三三把四季豆藤蔓直接从架子上取下来,乐乐帮着把藤蔓拉直了测量;

乐乐用同样高的水管玩具做比较,水管的一端对齐地面;

小宝用木条测量四季豆爬高的架子;

悠宝用弹簧拉直了测量四季豆藤蔓;

乐乐发现问题了:"不对不对,弹簧有时候拉得长,有时候短。"

然然:"三三你的藤蔓取下来要死掉的。"小宝对悠宝说:"你的藤蔓绕了架子三圈,我的绕了五圈。"

到底谁的高,谁的矮,这在孩子们心中永远是个谜。

我在这个活动中没有采用高结构化和知识灌输的教学,而是采用让幼儿在真实生活情境中来思考和探究的策略,他们始终对豆子保持着敏感和关注,注意力始终维持在与豆子有关的活动上,不断提出各种新奇的科学问题。这个活动提高了儿童提出科学问题和解决问题的能力。

四季豆的十万个为什么

这次四季豆种植成功了,四季豆到底应该在几月播种?

四季豆开花了,有花就能结四季豆吗?

四季豆为什么有的是弯弯的,有的是直直的?

四季豆生长的温度是多少?四季豆每天要晒多长时间的太阳?

四季豆对生长的泥土有什么要求?

对四季豆的问题,儿童心中有"十万个为什么"。他们渴望找到答案,豆子探究和历险的故事仍在继续,我将继续创造机会,让孩子们持续关注、主动探究,解出心中的疑问,期待新故事的发生。

陈卫琴

做智慧之师　享成长之乐

——我、孩子和天牛的故事

在工作的七年中,我和孩子们相处的日子单纯而快乐,每个孩子都充满着强烈的好奇心和求知欲望,每一间教室都流淌着诗意与美好。让孩子们去寻找世界的美、探索世界的奇妙是教育的神圣使命。我和孩子们的故事每天都在发生。

温暖的礼物——出差带回的天牛标本

孩子们和天牛的故事,还得从我那次去北京学习说起。

2018 年 10 月份,孩子们已经升入大班,我有幸去北京三教寺幼儿园参观学习。参观过程中,当我对某个大班区角的天牛标本驻足观察良久之际,班上热情的老师和一群可爱的孩子们送给我一个天牛标本作为纪念,我开心地想着自己可以把这个天牛标本带给自己班上的孩子作为礼物。

出差结束回来后,当我把趴在一块树皮上的天牛标本呈现在孩子们面前时,正如我所料,孩子们感到新鲜、好奇,发出惊叹的声音:"这是什么昆虫?""它怎么有两只这么长的须须呀?""我想摸一摸它,它会不会咬人呀?""谢谢周老师给我们带回的礼物,好喜欢它呀!""它会飞吗,怎么一动不动呀?"……孩子们天真的脸上充满着好奇,甚是可爱。面对着孩子们的疑问,我微笑地回答:

"孩子们,这个昆虫的名字叫天牛,它一动不动是因为它是天牛标本,是北京的小朋友托我带给你们的小礼物。"孩子们开心地点点头,争相上前轻轻地摸一摸天牛……

我的一次外出学习,不仅载着孩子们的期盼和思念,而带回的一份温暖的小礼物,更是让孩子们充满着新奇感和探究欲。班里的孩子们基本生活在城市中,对天牛这种昆虫了解甚微。我想,作为教师,我们要善于发现教育的契机,引导和支持孩子去探索去学习,满足孩子的求知欲望。于是,故事还在继续……

学习的热情——探究天牛的秘密

和天牛开心见面后,引发了孩子们之间的讨论,一系列的问题围绕着他们:天牛是它真正的名字吗? 什么是标本? 天牛是害虫还是益虫呢? 天牛有毒吗? 天牛和蜘蛛、蜜蜂、蟋蟀、蝉等昆虫有什么区别呢? 天牛只有这一种吗,有没有其他种类呢? ……

孩子们的探究兴趣被激发出来。我没有立刻解答这些问题,而是对他们说:"孩子们,让我们一起想办法来解决这些问题吧!"孩子们欣然同意。首先,我引导孩子们思考可以通过哪些途径寻找答案,解决问题。孩子们想到了通过看书、上网查询、问大人等方式。然后,我们一起梳理了需要解决的问题,一共有九个。孩子们自由组合,分成五个小组,每组自主地选择了将要探究的1—2个问题。在我的支持引导下,孩子们自主制作了本组的学习单,各自通过不同的方式找到答案并记录下来。我尽力地为孩子们的学习提供相关的支持,为了让孩子充分地观察和探究,我从网上购买了天牛标本,购买后孩子们发现,天牛果然不是一个种类,分为星天牛、桃红颈天牛、云斑天牛、桑天牛、小黄天牛等等。孩子们仔细地观察每个种类天牛的大小、颜色等。同时,我还准备了与昆虫相关的图画书放在区角中,供孩子们阅读。通过几天的学习与探究,孩子们的问题逐步得到解答。我组织孩子们进行了活动小结,每个组的孩子在讨论后推选代表进行发言,对未解决的遗留问题我和孩子们一起探究并进行了解决。

教育是一件快乐的事,支持孩子们的学习是一次幸福的旅程。在这次探索与学习的过程中,孩子们成为积极参与的主体,主动去建构自己的知识经验,在一点一滴的行动中,孩子们的认知、情感、社会性以及解决问题的能力都得到了发展,并且获得了信心,体会到了努力付出后的成就感。在探究"天牛"的过程中,孩子们善于提出问题、积极寻找解决办法。面对孩子们一双双求知的眼睛,我们要做的,就是给予他们鼓励和支持,让他们享受快乐学习的过程。

大胆地表现——和天牛做朋友

渐渐地,"天牛"成为了班上孩子们的好朋友。科学区里,每天都有孩子去看看天牛标本,他们制作表格,比较不同种类天牛的异同;阅读区,孩子们主动阅读昆虫相关书籍,讲述故事;餐前时间,孩子们分享自己搜集到父母长辈为他们讲述的关于天牛的相关知识和故事;美工区里,孩子们根据区角中与天牛相关的图片及丰富的材料,积极自由地绘画和制作……

在此过程中,孩子们在积极快乐的状态下获得了最高效的学习,兴趣成为了孩子们学习和求知的最大动力。作为教师,我们要给孩子提供充分自由的探究空间,使他们在探究中构建自己的经验,放手让他们通过亲身经历去发现,做孩子们"热情积极的鼓励者";我们通过细心观察幼儿,关注他们的兴趣点和困难点,积极回应,适时指导,做孩子们"细心主动的帮助者";我们营造积极的情感氛围,让孩子感受到被支持,激发孩子们的表现与创作欲望,营造平等交流与合作的氛围,做孩子们"积极互动的合作者"。总之,面对求知的孩子,我们无法吝啬自己的支持和鼓励,用关怀、尊重幼儿的态度,理解孩子的想法和感受,支持、鼓励他们大胆地探索与表达。

在我、孩子与天牛的故事中，我更加坚信作为教育工作者，要善于发现幼儿感兴趣的事物或从偶发事件中找到所蕴含的教育价值，把握时机，提供支持，积极引导。善于观察幼儿，给予适当的回应，形成合作探究式的师幼互动。努力使每一个幼儿都能获得满足和成功，让每一个孩子健康快乐地成长。这个过程，会带给我们别样的满足和感动！

周　彤

智者探究　自有吸引

提及吸引,我们总会想到用一些词语来进行描述,例如心无旁骛、专心致志、孜孜不倦、聚心会神、兴高采烈等等。

近期我就被孩子们一项关于吸引力的探究吸引了,我为他们的自主探究感到高兴,他们探究后的交流与总结更是让我深深折服。

奇妙"磁"力引注意

吃完早餐,小树选择了科学区的磁铁玩具。他看着两块圆圈磁铁紧紧地吸在一起,把它们分开,然后又合拢。可可走过来说:"我可以和你一起玩吗?"小树欣然同意。不一会儿,桐桐和布丁也加入了游戏。小树把圆圈磁铁一遍一遍地分开,可可把两个马蹄形磁铁联合起来,桐桐和布丁都用马蹄形磁铁吸住了圆圈磁铁和条形磁铁。一个磁铁的红色面和另一个磁铁的蓝色面是吸在一起的。桐桐把其中的一个磁铁翻了一面,把两面相同蓝色的磁铁紧紧地压在一起,可是一松手就发现磁铁弹开了,再也不像原来那样紧紧地吸在一起了。于是小树更加用力地把它们按在一起,还是不行! 他又把其中的一个磁铁翻了一面,两个磁铁又相互紧紧吸在一起了。这时他对另外三个小伙伴说:"你们看,还可以这样玩。"于是桐桐也尝试将两个圆圈磁铁的相同颜色面靠拢,但总是靠不拢。

"圆圈磁铁出现这样的情况,那条形磁铁和马蹄形磁铁也会这样吗?"站在旁边的我提出疑问。

于是他们开始用马蹄形磁铁和条形磁铁做实验,看看是否出现和圆形磁铁一样的情况。我问他们:"这些磁铁为什么有时能够吸在一起,有时又不能吸在一起呢?"可可歪着头思考着说:"红色和蓝色才能吸在一起,红色和红色吸不起来,蓝色和蓝色也吸不起来。"

感觉、知觉和概念化是儿童探索与世界关系依赖的三个过程,儿童需要不断地对事物进行尝试或探索才能积累更加丰富的经验。在初步探索磁铁的特性时,幼儿通过不断地尝试初步感知,了解磁铁同极相斥,异极相吸的特性,我以一个旁观者的身份关注他们的探究,再适时提出问题或追问,引导他们进行多次对比尝试,从而总结出了磁铁的蓝红两种颜色相吸,同种颜色相斥的探究结论。

有趣"风"力巧答疑

看到孩子们对磁铁的兴趣如此浓厚,因此我想趁机激发他们对磁铁进一步探究的欲望。于是,我提出问题:如果把条形、圆形磁铁和马蹄形磁铁两两结合起来可以怎样玩呢?

听到我提出的疑问,孩子们开始了磁铁的组合游戏探究。

小树把两个条形磁铁悬吊在一个圆形磁铁上,两个条形磁铁荡来荡去。他说:"你们看,我的磁铁可以玩荡秋千哟!"

桐桐问:"为什么它们可以摇摇摆摆呀?"

小树尝试将悬吊着的磁铁合拢,可总是挨不到一起,用手将两块磁铁捏在一起,可是手一松开,磁铁又分开了。

我问:"为什么总是挨不到一起呢?"

小树举着磁铁对我说:"有风!"

我疑惑地问道:"哪里有风?"

小树回答:"红色和红色挨到一起就会有风,蓝色和蓝色挨到一起也有风,它们要被吹开。"

小树的"有风"这一回答着实让我内心惊叹:孩子是多么有智慧啊! 如果这个让成人来解释,可能就智慧生硬地说这是因为有吸引力与排斥力,这样的解释肯定也会让孩子们觉得深奥难懂。感谢小树这样有智慧的解释,让磁铁同性相斥的原理变得如此有童趣。

"磁铁和其他东西挨到一起还会有风吗?"我追问道。

"有。你来看嘛!"小树回答道。

说完,小树带我去看,他用磁铁去靠近塑料玩具盒说:"磁铁跟塑料玩具盒一起没有风。"接着又用磁铁去靠近墙上的铁质锁玩具,说:"磁铁跟这个锁有拉近的风。"

桐桐说:"磁铁和门把手、锁、钉子,还有水龙头都有拉近的风。"

"那哪些东西是磁铁不能吸住的呢?"

"吸管、玻璃窗、门,还有瓷砖不能。"可可回答道。

"椅子、桌子和衣服也不可以。"布丁作了补充。

"我知道了,只要是铁的东西都可以吸住,不是铁的就不行。"小树高兴地做了个总结。

在进一步的探索中,小朋友们有了磁铁能够吸住铁质物体的常识,并初步形成概念化,将磁场原理形象地表达成了"风",更利于同伴理解认知。交流总结过程中,通过描述实践结果逐步梳理总结,教师的不断追问促进了幼儿的深入思考。

巧妙"吸"力解难题

正表演"魔术"的时候,溯溯和渺渺端来了一篮塑料建构玩具找老师,说:"老师,刚刚那个图形变变变的玩具坏了,有图钉掉进了玩具里。""谁有办法能够快速安全地从玩具里找出所有的图钉呢?"我问正在表演"魔术"的小朋友们,他们都停下来把头伸向篮子里看。

突然,小树说:"老师,我有办法啦!"说完他把磁铁放进玩具里搅拌,不一会儿就吸出来了一颗图钉。见状,其他几个小朋友也模仿他的方法用磁铁到篮子玩具里来回搅拌,很快篮子里的图钉都被吸出来了。顿时孩子们高兴得欢呼了起来:"哇,我们成功啦,我们成功啦!"

孩子们把图钉都交给了我,桐桐把玩具篮子还给了溯溯和渺渺:"你们放心吧,我们已经帮助你们解决问题啦!"溯溯和渺渺说了一声"谢谢"便端着篮子走开了。

"你怎么会想到用磁铁去吸图钉呢?"我问小树。

"因为之前我们去教室里用磁铁做实验的时候我就知道了,磁铁是可以吸住图钉的呀,这样可以很快就把图钉找出来,而且还不会扎到手。"小树回答我的时候一脸的神气。

随着音乐的响起,区角活动时间结束了。分享交流时间,我请小树向全班小朋友分享了这两天他们在科学角里对磁铁的探究过程,小朋友们听得津津有味,当听到他们用磁铁吸图钉的方法来解决问题时还不自觉地为他们鼓起了掌。磁铁探究小组的孩子们分享的不仅是他们探究的过程,更是在分享他们探究的快乐与成就感。

孩子们在探索磁铁特性过程中所展现出来的智慧简直让我惊叹极了。磁力对我来说是初中物理知识的记忆,然而在孩子们的经历中,他们在幼儿园阶段就已经奠定了经验基础。一系列的磁铁活动逐步推进,虽然对于现在的我磁铁的特性和理论是再简单不过了,但我还是选择了做一个"傻"老师,对于孩子们的研究总爱提出十万个为什么。专业的老师是不会把自己知道的都直接告诉孩子,而是用恰当的智慧引导孩子们去自己探究。

适当的提问、默默的关注以及适当的鼓励都是对孩子们探究最好的支持。在孩子面前,我们扮演着大人的角色,似乎学识渊博,但遇到有些深奥的道理我们也难以解释清楚,可在孩子的世界中他们却能够将世界解释得富有童趣而又恰当。每个孩子都是自信的主动学习者,他们对世界的理解自成一派"童理论",印证那句"儿童是成人之父"的名言,或者可以说"儿童是成人之师"。

儿童,天生的智者。我们成人应学会退位,站到儿童的身后,让他们的智慧光芒四射,照亮未来。

冉　春

烛光幼儿园

俗话说计划不如变化快。生活中有许多意想不到的事情发生,在某些突发情况下,我们有时焦虑,有时无措,有时着急,有时崩溃……但乐观主义者总会在意料之外的情境下有不一样的视角,从而让生活中的某些意外也成为难忘的经历和记忆的财富。

停电,通常都会被认为是倒霉的事,但在孩子们的世界里,也许他们有不一样的想法哟,一起来看看我们班停电后发生的故事吧!

突如其来的黑暗

一天,正如往常一般在晨间接待时,嚓——教室一片黢黑。

下着雨的冬日清晨,室内光线昏暗,教室里面只能依稀看见人影在移动。已有十多个小朋友来园正玩着区域游戏,在毫无准备的情况下停电,我立马焦虑起来:这电要停多久? 计划怎么施行? 活动怎么开展? 安全怎么保障? 此时,陷入思考的我被一旁的贯贯和乔乔欢呼声吸引了:"今天的幼儿园太好玩啦!""我喜欢这样的幼儿园。"我听着孩子们的对话,感受着童真与快乐,感受着孩子们对黑黑的教室充满了好奇,仿佛自己也成为孩子。

面对突发情况,身为教育者的第一反应是抵御突发情况带来的不利因素。但孩子们的表现却是在体验这难得的情景,并因此而惊奇和兴奋。中班幼儿对一切新鲜陌生的事物都感到好奇,更何况是停电制造的意外惊喜。既然来电时间不确定，那不如就来点"打黑摸"的大探秘吧。所以我决定顺应儿童内心、转换角色走进孩子去找有趣的事儿。

烛光幼儿园的诞生

我向孩子们征求意见："孩子们，现在教室里没有光怎么办？"

桃子指着玩具篮里的玩具车说："上了电池的玩具车一闪一闪有光。"

"嗯，好主意，教室里还有什么可以发光呢？我们一起来找找。"我提出建议。

一会儿工夫孩子们找到：电动玩具车开的时候红灯会亮；顺顺鞋上的小灯在闪亮；小巡警的衣服在发光；科学区的小灯泡接上电线立刻亮了；桃子百宝箱里面的魔法棒可以发光……

我说："大家一起找，能找到这么多可以发光的东西，真会想办法。孩子们看看我们找到的这些光能照亮教室吗？"

观观摇摇头说："不能，还是太暗了。"

"继续想想还有什么好办法？"我鼓励孩子们继续想办法。

乔乔突然想到说："我家有电筒，电筒可以照亮。"

辰辰接着说："我晚上起床上厕所的时候有个小夜灯，一拧开关就会亮。"

我提出问题："你们说的都是家里的东西，那现在我们怎么才能用到呢？"

不二说："我们给爸爸妈妈打电话，请他们给我们送来就可以呀。"

我对孩子们的想法表示赞同说道："那好，我马上用手机在网上给家长们发条信息，请他们送这些发光的灯来幼儿园吧。"

半小时后，教室立马亮起来了，孩子们欢呼雀跃："今天的幼儿园是烛光幼儿园。"（见图 5 - 1）

图 5 - 1　家长送来的照明灯

　　在活动中激发幼儿主动探究的欲望,满足幼儿的探究需求,支持幼儿的探究进程。在"儿童第一"的教育思想指导下,学会把问题交给孩子,把思考交给孩子,让孩子成为活动的主体,孩子在讨论中能给出让你意想不到的答案。他们虽然还只是中班的孩子,但他们已经有了基础的生活经验,能将现实情况和已有经验有效联系起来,并从中找到解决问题的办法。这个过程锻炼了孩子的主动思考,主动解决问题的学习能力。

　　找到了电筒后,孩子们又会发生什么事情呢?

光影初探的乐趣

　　看着家长们送来的灯具,孩子们都想一探究竟看看它们是怎么发光的。何不让孩子们在认识这些工具的基础上继续探究光的秘密呢?

　　我问孩子们:"我们可以利用这些发亮的工具来玩什么游戏呢?"

　　孩子们三三两两拿着自己或同伴的灯具开始探索起光影游

戏来。不一会儿，就听到孩子们纷纷喊起来。

"我变出了一个黄色的灯！"(见图5-2)

"我变出了莲花灯耶！"(见图5-3)

"你看，我变出了好多个圆圈！"(见图5-4)

随着孩子们叽叽喳喳的讨论声我看到了他，"我把它(纸芯筒)放在电筒的下面，一下子出来了好多个圆呀"博博大声地分享着自己的发现。

"孩子们，除了这里的物品，你们还可以去其他地方找找，看看还能变出什么不一样的东西来。"我建议孩子们进行更多的尝试。

虫虫突然就跑向门后的帘子。他把自己的电筒放到帘子下面，兴奋地大叫起来："你们看，我也变出了一个红灯笼。"(见图5-5)贯贯把电筒放在篮子里面，再把用扭扭棒制作的花朵放在上面。"快看，像我和爸爸妈妈旅游时看到的篝火，这是篝火灯

图5-2　黄色灯

图5-3　莲花灯

图5-4　变出多光圈

图5-5　红灯笼

笼。"(见图5-6)

看着孩子们高涨的兴致,我立即建议他们扩大范围到幼儿园去寻找物品与光组合成不同的灯笼。同时为孩子提供了镂空物品、彩色塑料纸、不同形状及材质的物品,鼓励幼儿进行多种方式的探索。

芒果首先选了一个镜子,她先把光放在脸下面,发现镜子里面的自己黑黑的。摆弄了一会儿后她又把光打在镜子上,发现突然有一个影子投在墙上。她大声喊道:"快看,有一个光跑出去了。"(见图5-7)

奇奇把电筒放在作品展示架下面,让光照在架子的上层:"快看我变出了星星!"随即他唱起了歌曲《小星星》。(见图5-8)

孩子们三三两两地拿着电筒不停地摆弄开关,还在教室的各个角落搜罗着不同的材料,发现更多的百变魔术。

图5-6 篝火灯笼

图5-7 镜子反光

图5-8 星星灯

在探究活动中只要材料提供具有可操作性和可变性,孩子们的活动就不会长时间停留在一种状态下,材料的操作和环境的创设会不断激发幼儿探究的好奇心。幼儿看待周围世界的眼光和方式是独特的,站在幼儿的角度去理解幼儿的世界,适时地追问引导幼儿抓住问题的核心,运用探究欲让孩子在问题中不停地发现问题、分析问题、解决问题。

让电晚来一会儿

正在孩子们玩得尽兴时,"啪",教室里面突然亮了,原来是电来了。我欣喜地告诉孩子们,来电啦,这下我们教室里面又看得见啦。孩子们抬起头望着亮起的灯,嘴里嘟哝着:"怎么来电了?""我还想玩一会呢!""我还没耍够……""好久才会停电……""我还想要烛光幼儿园。"

听着孩子们失落的声音,我走到开关的地方关掉了电灯,"孩子们,那就让我们教室的电晚一点来吧!"

孩子们高兴地欢呼起来:"烛光幼儿园回来啦!"

"烛光幼儿园回来啦!"

"烛光幼儿园回来啦!"

当来电后恢复到了正常的情景时,孩子的探究并不想被中断。我深知,激发探究兴趣是科学教育的核心,教师要尽量创造条件让幼儿在活动中发展探究问题的品质,使他们获得科学体验与发现的乐趣。发展幼儿的探究品质最重要的是基于孩子的主动学习,作为教师的我愿意支持、陪伴、跟随孩子的思想一起去体验,去探索、去操作、去创造,让他们闪亮着灵动的光彩。我也愿意以同伴、玩伴的身份有效支持问题的延续及解决的方法,发展幼儿的科学素养。

所以,把灯关上,让电晚来一会吧!

周超法

第六章
让儿童体验成长的快乐是教育的神圣使命

约翰·霍特在《教育的使命》一书中谈到:"学校应该是一个具有多元化性质的地方——有智慧的、艺术的一面,也有创造性的、生动的一面——在这里,每个小孩可以自由选择自己喜欢参与的项目,或保有不选择的一面。"因此,当教学计划受到挑战时,教师不再是武断地拒绝孩子们的不同想法,而是允许孩子们根据自己的意愿去感受和体验未知和已知的世界,让儿童的天性尽情释放,让儿童的想象与创造不受局限。

教育的使命是什么？是育人，是教育孩子如何做人。毛泽东同志曾教导我们说，要做一个高尚的人，一个纯粹的人，一个有道德的人，一个脱离了低级趣味的人，一个有益于人民的人。邓小平同志提出，要做"有理想、有道德、有文化、有纪律的'四有新人'"。习近平总书记谈到，"培养什么人，是教育的首要问题"。一句话，教育的使命是神圣的、不可侵犯的，它既是个体成长，也是国家意志和社会要求。

"让儿童体验成长的快乐"这不仅是体验教育的追求，也是快乐教育的使命。这种快乐体现在儿童在幼儿园教育活动中亲身经历、体验、操作、实践后的成长和满足；体现在小蚂蚁历经艰辛和障碍，绕过坑洼，搬回一粒米后的喜悦；体现在小鸟尝试多次扑腾翅膀，终能飞翔的成功；体现在小马从躺卧到站立，再到能自行躲避危险而驰骋草原的潇洒。

体验成长的快乐，对幼儿来说是多方面的，可以是因为自己的变化、进步、成长而享受快乐；可以是参与有趣的生活、游戏、学习等活动获得开心和愉悦；可以是尝试自己过去不会、没有做过的事情，在探索中获得新知、新经验的乐趣；可以是因为有玩伴、有分享伙伴、有合作伙伴而乐此不疲。

幼儿教育是一份充满使命感的职业，幼儿教师该如何履行"让儿童体验成长的快乐"这一使命呢？那应该是：是否创造了孩子体验的机会；是否还给了孩子体验的时空；是否激励孩子参与体验的兴趣；是否引导孩子体验有效的途径与方法；是否关注孩子的体验过程与能力；是否尊重和关注孩子体验学习与发展的交流与表达……

儿童具有不同于成人的独创性思维、灵性思维、直觉思维和纯粹思维,在感知世界、感知未来、感知自己时,儿童有着独特的看法与做法。幼儿教师应树立正确的儿童观,利用儿童的主体性、独特性和完整性,在尊重儿童个性、儿童差异、儿童发展规律的基础上,努力实现儿童生活、游戏、学习的自身体验价值。

美国名师约翰·霍特在《教育的使命》一书中谈到:"学校应该是一个具有多元化性质的地方——有智慧的、艺术的一面,也有创造性的、生动的一面——在这里,每个小孩可以自由选择自己喜欢参与的项目,或保有不选择的一面。""学校应该是一个提供给小孩乐意学习事物的地方,而不是我们认为传授我们那些知识的地方。"在此,我们对幼儿教育使命有了别样的领悟,那就是让儿童获得生存和发展的本领而快乐;那就是成全儿童使其成为他自己而快乐。

为让孩子们体验成长的快乐,当教学计划受到挑战时,教师不再是武断地拒绝孩子们的不同想法,而是允许孩子们根据自己的意愿去感受和体验未知和已知的世界。我们的教师要更加拥有宽容、接纳的胸怀,让儿童的天性尽情释放,让儿童的想象与创造不受局限。

在开展优秀绘本阅读活动时,教师会引导孩子们在阅读理解、分组辩论、七巧板变形、转转画画等系列体验活动中,为孩子们搭建"认同和接纳"、"换位思考"的支架,生动地将一个抽象的概念学习化作孩子们尤其感兴趣的亲身体验活动。

在科学教育活动时,为了印证讨论某些科学现象和科学结果,教师会带领孩子们走出教室,四处收集信息、观察发现、调查了解、寻求答案,孩子们也会在亲身参与的各项活动中,积极尝试,主动验证,从而建构起自己的新经验。不拘一格的教育方式,有力地支持了儿童的学习兴趣,引导儿童在最近发展区不断迈步前行。

儿童的成长需要儿童自己的主动参与和亲身体验,儿童的成长力求单纯、直接、持续、有效。为人之师的我们希望自己不负使命,为儿童铺开一条通往"体验成长快乐"的金色大道,愿老师和孩子们在这条路上一路奔跑,一路欢笑!

我 是 小 海 军

2018 年习总书记在全国教育大会上谈话指出：要在加强品德修养上下功夫，教育引导学生培育和践行社会主义核心价值观，踏踏实实修好品德，成为有大爱大德大情怀的人。《幼儿园教育指导纲要》中指出：社会领域的教育具有潜移默化的特点。幼儿社会态度和社会情感的培养尤应渗透在多种活动和一日生活的各个环节之中。作为一名幼儿教师，我该如何在游戏及生活中渗透对幼儿的品德教育，从小在孩子们心中厚植爱国主义情怀呢？在庆祝反法西斯抗战胜利 70 周年之际，我组织孩子们演绎了一场学军的大阅兵活动，充分激发了孩子们对军人的好奇和崇拜，也为孩子们自发的游戏拉开了序幕……

缘起：美工区的自制图书

美工区，几个男孩子叽叽喳喳地议论着："你们看海军阅兵式没有？""我看到了好多军舰！""还有航空母舰。""我知道，航空母舰可以停战斗机。""我们来做一本书吧！画上军舰。"于是，几个男孩子开始动手画了起来。

曦曦开始在纸上画出了一个岛，然后画了一艘船。他画完后在画上写了几个字"山东上中国"。我问道："这是什么意思？"他说："这艘军舰是山东的，是 909 号，它在中国，要保护这个葫芦

图 6-1 曦曦的画

岛,这张是书的封面。"

　　我说道:"你们这个故事构思不错,但是这个军舰看起来跟普通的船差不多。有没有办法让别人一看就知道画的是军舰?"

　　小杰说:"我知道,军舰上面有大炮! 那我们明天做一艘军舰吧!"

　　"我也想做!""明天我们也要做!"在分享交流时,我请几个孩子上台介绍了自己的作品,并分享了自己的想法。更多孩子加入到做军舰的队伍中。

　　我问孩子们:"要做军舰我们需要做哪些准备?"

　　"纸盒子、纸筒、牙膏盒……"

　　我又问:"你们知道军舰由哪些部分组成? 你们用哪种材料做哪一部分? 请你们回家找找军舰的图片,再准备制作。"

助推生成:制作我们的军舰

　　孩子们收集了各种军舰的图片,经过观察对比,了解了军舰的主要结构。他们又收集了大量纸箱纸盒、卷纸筒、矿泉水瓶等废旧物品,准备制作军舰。孩子们分成了六组。

第五组的小朋友不停地把收集到的大小纸盒按照从大到小的顺序堆成一座"小山"。我问:"军舰要怎样才开得快? 是重的军舰快还是轻的军舰快?"可他们专注着手里的工作,谁也没理会。这时候,我让他们试着抬起军舰,几个孩子很费劲地把所有纸盒举起,这才体会到"军舰太重了"。我问:"军舰重了,那我们怎么办呢?"几个孩子想了想:"我们减少几个盒子吧!"接着,几个孩子才非常不舍地取下了几个较大的盒子。

第二组的小朋友没有贪大贪多,他们只选择了两个较大的纸盒做船舱,把收集来的许多长纸筒做炮筒,军舰的雏形很快就出来了。但由于炮筒比较长,老是要往下垂,他们就用一个纸盒垫在下面。

图6-2 孩子们制作军舰

第一组的小朋友做事比较有计划性,他们先用纸箱、长纸筒、牙膏盒等在"甲板"上进行了拼摆,然后再取下来逐一粘贴固定。但是在重新粘贴的过程中,他们又不断地有了新的想法和创意。

孩子们有的剪胶带,有的扶纸盒,有的找材料,还有的在用瓶盖和彩色纸进行装饰。有的孩子用记号笔在甲板上画出五星等漂亮图案,写上自己的名字;有的孩子用纸杯做成雷达;有的孩子

图 6-3 孩子们制作军舰

自己绘制了五星红旗,插在军舰上……

最后,孩子们为自己的军舰取了好听而有意义的名字:

1 组:旋风号军舰;2 组:飞镖号军舰;3 组:闪电号军舰;4 组:飞剑号军舰;5 组:镰刀号军舰;6 组:国旗号军舰。

高潮:阅兵式展示

军舰做好了,孩子们为军舰涂上了迷彩色,他们兴奋地围着军舰说着、笑着。

我问孩子:"你们想不想把自己做的军舰展示给弟弟妹妹们看看?""想!"

于是,孩子们纷纷抬着自己的军舰来到操场上,让弟弟妹妹们来参观。琪琪突然走过来说:"李老师,我能不能把升旗手的帽子戴上?这样更像解放军!"

我说:"我们升旗手的帽子只有六顶,不够呀!"

几个孩子说:"我们能不能让爸爸妈妈买解放军的衣服?我们也来走'一二一'。"

当我把孩子们的想法在教研活动中提出以后,老师们一致决定在国庆节的庆祝活动中在幼儿园开展儿童阅兵游戏活动。

国庆阅兵式的方案确定下来了,孩子们热情空前高涨。我带领孩子们观看了阅兵式的图片及视频。我问道:"你们看到解放军踏步时除了做动作还喊了什么?"

"首长好!""为人民服务!"

我说:"对,这些都是口号!我们阅兵也要喊口号。我们做了军舰,肯定是海军,应该喊出什么样的口号?"

棋棋第一个举起手,她的口号是:"立正!"我问道:"我们正在踏步向前走,如果喊了立正,我们的队伍就会停下来。这样的口号适合吗?""有没有边走边喊的口号呢?"孩子们陷入了思考中……

于是,我启发他们,我们可以说"海军海军,什么什么",也可以是"我是小海军,怎样怎样",你们觉得后面可以说什么呢?孩子们开始积极思考、回答。

乐乐:海军海军,我最勇敢!

子墨:海军海军,保护中国!

小予:海军海军,我真厉害!

然然:海军海军,杀倒敌人!

小杰:轰……

嘟嘟:冲冲冲!

羲羲:发射炮弹一二一!

小予:同志们,进攻!

毛毛:我是小海军,踏步向前进!

最后,我帮孩子们梳理了两个口号"我是小海军,踏步向前进!冲冲冲!"及"我是小海军,发射炮弹一二一,一,二,一!"经过大家的举手表决,我们阅兵式的口号已经出炉——

我是小海军,发射炮弹一二一,一,二,一!

游戏活动当天,当孩子们抬着自己制作的军舰,喊着响亮的口号经过主席台时,他们充满了军人的自豪感和荣誉!

回　味

《3—6岁儿童学习与发展指南》指出：幼儿的社会性主要是在日常生活和游戏中通过观察和模仿潜移默化地发展起来的。在孩子们的自发游戏活动中，我观察到了孩子们爱国情感的流露，及时抓住这一教育契机，不断将孩子们的游戏推进、深入。把孩子们的爱国、爱解放军情感延伸、渗透于系列游戏活动中，把爱国的种子植根在孩子们的心里，让孩子们体验到学军、爱国是多么快乐的事情。

在这个源自儿童自发兴趣产生的学军游戏活动中，我第一次看到了全新的孩子们，他们自信、大胆而富有创造力；能合作、会思考，遇到困难能自己想办法解决。他们在游戏中真正地参与了、经历了、感受了阅兵大舞台。游戏中，我作为孩子们的支持者、合作者、引导者，我为孩子们提供了物质、经验上的支持，并引导孩子将自己的所见所闻分享交流与表达。帮助孩子们大胆创作，让孩子们在阅兵大舞台上展示自己的成果，体验一回做军人的自豪与骄傲，做老师的我也为自己能让儿童体验成长的快乐感到无比的快乐。

过去老师总是怀疑孩子"能行吗"，可在这次活动中，我见证了"孩子一定能行"的事实。我喜欢孩子们的独立自信，我欣赏孩子们的聪明与有主见，我看重孩子们的动手操作与创造潜能。玛利亚·蒙台梭利在《童年的秘密》中写到："要帮助一个儿童，我们就必须提供一个能使儿童自己自由发挥的环境。"作为教师，我们应该充分相信孩子、尊重孩子。相信孩子的学习能力、相信孩子有能力解决问题、相信孩子有非凡的创造力。尊重孩子，尊重孩子的兴趣爱好，尊重孩子的选择和参与的权利，尊重孩子的想象和探索，为孩子真正体验成长的快乐而笃定前行。

李　静

皮影游戏三部曲

《3—6岁儿童学习与发展指南》强调,教师要成为孩子活动的支持者、引导者和观察者。在履行"让儿童体验成长的快乐是教育的使命"实践中,教师的支持、引导、观察作用该怎样发挥呢?幼儿园的活动,特别是幼儿的游戏有很大的不确定性,一些偶发事件中往往隐含着教育的价值,发现和捕捉每一次教育时机,引导孩子们体验自主学习与成长的过程及快乐,这是教育者的使命。

第一曲:教师的"引",让孩子破茧成蛹

今年开学初,我就在班上美工区投放了数套DIY皮影制作套装。很快其中一套材料——三借芭蕉扇,引起了一个叫濛濛的孩子的兴趣。她是一个对于自己不会或者不知道的事就不会去尝试的孩子,平时就习惯于别人把所有事帮她安排布置好了,自己再去做。

只见她拿出铁扇公主的模板,仔细观察了一会儿,又看了一下配套的工具,她对我说:"老师,我能用水彩笔给铁扇公主涂上颜色吗?"我说:"可以呀!"其实,上面的制作说明第一步就是用水彩笔给人物模板涂上颜色,她能在自己的观察下摸索出操作的第一步,说明她的观察能力发展挺好,且有着自己独立的思考与

探索。

　　接着，濛濛开始选颜色涂色了。只见她看着水彩笔，拿起粉色，然后又放下拿起了黄色，接着又拿起粉色，想了想又放下，又拿起了黄色，最后对我说："老师，我可以给铁扇公主的衣服涂上黄色吗？"我说："你觉得什么颜色好看就涂什么颜色吧！"她说："我觉得黄色和粉色都很好看，我不知道该用什么颜色。"我正准备脱口要将我的解决方法告诉她，可我突然想到，这不正好是可以锻炼一下她独立思考、积极发表自己想法的机会吗？于是，我对她说："你的衣服上只有一种颜色吗？"她低头看了一下，对我说："不是的，我的衣服上是蓝色的，上面有白色的横条。"接着她又说："我知道了，我可以用黄色涂衣服，粉色画衣服上的小花，这样就更漂亮了，是吗？"我说："是的。"接着，她开始给铁扇公主的衣服涂色了。虽然我并没有直接告诉她该用什么颜色，怎样去画，但是她能从我的提示里自己领悟到并能加上自己的想法，这是她的一个小进步，也说明作为教师的我的支持与引导是有效的。

　　涂好颜色，下一步又该怎么做呢。她看了一会儿模板，接着她动手将模板上的部件都抠了下来，放在了一边，然后又向我寻求帮助来了。这次，我想让她学会看说明自主学习，于是我说："濛濛，你不是看过《爱探险的朵拉》吗，里面的朵拉在遇到不知道怎么走时会求助什么东西？"她马上答出："是地图！"我又接着说："对了，是地图。我们的这个手工也有地图，就是这份制作说明，上面告诉了我们怎样去制作，你现在看看我们做到哪一步了，下一步该怎样做？"于是，她拿出制作说明（上面是图文说明的）开始仔细地阅读，边读边说："涂色我完成了，各个部件我也抠下来了，现在该连接身体和手臂了，需要用到扣子，扣子在哪里呢？"她找了一下工具盒："找到扣子了，该怎样连呢？我再看看地图吧！"她又拿出制作说明开始了阅读，看了一会儿，她可能还是没有看明白连接的方法，她又向我进行了求助。我取过说明，也认真地看了看，认为图片上面对连接方法的说明提示有点模糊，不易让4

岁多的孩子理解,于是我说:"宝贝,我现在连一遍,你要认真看,等会儿你要自己连哟!"于是我开始示范连接了,边连接时边提示连接的要点。在我连好一遍后,她迫不及待地从我手上拿过模板开始了自己的连接,连好后又玩了一下,显得很高兴。她通过我的引导和提示,学会了看图示完成自己的制作,还知道在遇到困难时寻求成人的帮助。

在连好了铁扇公主后,她的兴致很高。第二天的区角活动,她又进入了美工区按着制作铁扇公主的方法连好了唐僧并指导其他孩子一起制作了孙悟空、猪八戒、沙和尚和牛魔王。她能从制作铁扇公主的方法中,举一反三地完成剩下的人物,说明她的经验迁移能力得到了发展。并且她在自己制作的同时,把自己的经验分享给其他同伴,她的自信心也得到了提升,语言能力、交流交往能力也一起得到了发展。

在孩子的体验活动中,教师的适宜引导能让孩子拨开经验建构与学习能力形成的层层迷雾,在一次次独立思考与探索中,孩子破茧成蝶,尝到体验学习带给他们的特有的成功与快乐。

第二曲:教师的"藏",让孩子成为游戏主角

人物制作好了,我让孩子们将这些皮影人物送去表演区表演,可是怎样表演呢? 为了持续观察这套皮影的使用情况,第三天我决定来到表演区观察指导。果然,濛濛在第三天的区角活动时间进入了表演区,只见她拿起她和同伴制作的皮影人物开始摆弄,可是摆弄了一会儿,濛濛看到了我。于是她缠着我要我给她讲这些皮影人物的故事,我说:"这样,我们边讲边表演吧!"接着,孩子开始了第一次尝试表演,由我讲故事,孩子担任皮影戏表演的主角,根据故事情节操作人物表演。在表演过程中,濛濛手忙脚乱,因为一人要操作多个角色的道具是很难的。她急得大叫说:"不行不行,我忙不过来了。老师,我们要找几个小朋友分一

分,一人操作一个人。"我说:"好吧!"然后她找了几个孩子,我们开始了第二次分角色操作表演。这次表演完后,她说:"老师,这次你做观众,看我们的表演好吗?"我说:"可以呀!"于是,开始了第三次表演,他们虽然把人物角色的对话有所改变,但基本的意思表达得很清楚。在操作中学习故事,濛濛能很快地掌握故事的大概情节。而且在操作过程中遇到困难时,她能提出自己的看法和解决方法,说明她解决问题的能力也得到了发展。

在儿童游戏中,教师适当地"藏"起来,将教师"教"的角色转换为幼儿眼中的"游戏者",即以伙伴的角色参与到儿童的游戏之中,必要时教师适当给幼儿进行点拨,孩子将真正体验到成为游戏主角的快乐。

第三曲:教师的"装",让孩子潜能发展

没有光影就不是真正的皮影戏,看到孩子们对表演很有兴趣,也为了让皮影戏的活动延续下去,我在班上播放了一个皮影戏的动画片。接着区角活动时,我又来到了表演区,拿出他们表演用的皮影人物告诉孩子们要表演皮影戏了。然后,我提出了问题:"皮影戏是怎样演的呢?"濛濛马上就举手说:"需要一块大白布,我们要躲在白布后面表演。"我继续提问:"没有白布怎么办?"她说:"我们可以自己做。"我说:"那好,需要什么材料呢?"她想了想说:"用大白纸。"于是,我拿出了大白纸开始让他们表演,表演了一会儿,濛濛跑来对我说:"老师,大白纸需要人扶着不然会倒,不好表演!"我说:"那怎么办好呢?"濛濛想了一会儿,说:"老师,你能给我们一个挖了洞的纸箱吗?"我说:"可以呀!"于是我找来纸箱,根据她提出的建议,我们将大纸箱的一面挖了一个长方形的洞并蒙上了白纸,另一面也挖了一个大长方形的洞,表演重新开始。这时观看表演的航航说:"我看不见屏幕后的表演。"我说:"那我们还差什么呢?"濛濛想了一会儿说:"电视里的皮影戏好像

有光,我们去找电筒把它贴在箱子里面的顶上就有光了。"接着她就把手电筒找了出来,我们一起把它贴在了箱子里面的顶上又开始了表演。这次的演出相当成功,孩子们玩得很高兴呢!在这次的活动中,濛濛能自己发现问题,找出问题,解决问题,说明她的自我解决问题的能力又有了进一步提高。

看来,教师适当地装作无知,多反问几个"怎么了?""为什么呢?""你能帮助我想想吗?"让幼儿大胆地说出自己的想法,帮助他们树立自信心,提升主动性,从而引发他们自主思考解决问题的方法,使智慧潜能得以施展。

在幼儿的游戏里,教师的引导没有固定模式。但教师必须细心观察、了解幼儿各方面的发展水平和内心世界,尊重幼儿的兴趣和愿望,用幼儿的眼光理解他们的行为,适时适度地介入幼儿的活动,灵活地运用"引"、"藏"、"装"等方法,让教师的引导作用变为幼儿更多的大胆尝试和探索的机会,变为幼儿自主探索体验的过程,变为对幼儿独立个体自我潜能发展的赞同与肯定。

肖　丽

"穿越火线"升级记

穿越火线 2.0 版：安装报警器

"老师,辰辰碰线了还不出去!"今天大家一起玩穿越火线的游戏,周洋沛林跑过来跟我告状。"我没有,我没碰线!"辰辰气鼓鼓地解释。"你碰了的,头发碰到了,我看见的!""没有,我没碰!"两个孩子继续争论不休。我问其他小朋友知不知道怎么回事儿,大家纷纷摇头。我没有评判他们两个到底谁对谁错,而是继续问大家:"我们的头顶和身后都没有眼睛,怎么才能让我们自己知道碰到线没有呢?"杨惜蛟说:"可以请裁判!""大家都想玩儿,谁来当裁判嘛!"陈淼兮一语惊醒梦中人,大家都沉默了。"可以安装报警器!"何雯熙的提议引起了大家的兴趣,"报警器需要电才行,我们这里又没有电!"陈禹霖向她提出了质疑。"我们可以在线上面挂上铃铛啊,碰到线了铃铛就会响,报警了!"何雯熙继续解释着她的想法。"对呀对呀,这个办法好!"大家纷纷表示赞成。于是我赶紧找来铃铛,大家一起动手将铃铛挂在了封锁线上,果然轻轻一碰线,铃铛就发出"丁零零"的声音,报警了!

两个孩子在游戏中的冲突,引发了关于如何裁定是否遵守游戏规则的争议,让我再次见识到了孩子的智慧,明白了尊重孩子在游戏中的想法是多么重要和有意义。虽然可以请裁判,但是有

图6-4 孩子们玩穿越火线

可能裁判看得不够仔细，也有可能大家都更想去玩游戏，却不想当裁判。"要是有个自动报警器就好了"，这是大家心里的想法，于是"挂铃铛"的提议得到大家的一致拥护，材料调整也更具操作性，这既增加了挑战性也增强了趣味性，升级后的"穿越火线"是越来越好玩儿了！

穿越火线3.0版：突破火线穿越丛林

又到了户外体育游戏时间，上次游戏有很多孩子不能完全达成目标，于是我又布置了同样的材料和情景，请孩子们来玩"穿越火线"的游戏。玩了两次之后那些能够轻松闯关的孩子跑来跟我说："老师，可不可以换个游戏，这个不好玩了！""那你们想玩什么？今天我只准备了这些材料！"说这句话的初衷缘于我可不想放弃我的教学计划。"老师，我们来玩穿越丛林吧！""老师，我想玩儿爬雪山过草地！""那这样，你们自己去布置你们的场地，待会儿听你们讲规则，我们大家再一起玩儿？"我一边继续"指导"大部分孩子们玩"穿越火线"，一边看到那些孩子忙乎起来。过了一会

图 6-5　轮胎进入游戏

图 6-6　孩子们玩得开心

儿,我这边的孩子们突然都陆续向那些布置场地的孩子围拢过去,我只得去了解详情。郭周一指着他的"成果",洋洋得意地对围着看的孩子说:"我设置的丛林跨栏,大家必须跑起来然后跨过去并且绕着那两棵大树跑三圈才能通关!"说完,他还给我们示范了一遍。原来,郭周一利用原来的材料和操场的大树设置了一个猴子探险的情景。平时稍显内向的陈禹霖说:"我的是鳄鱼险滩,这些线都是救命的石头,大家要从一个石头上跳到另一个石头上去,掉下去就会被沼泽里的鳄鱼吃掉!"说完,他在两根拉起的线上跳来跳去、小心翼翼,接着把操场边上的轮胎也搬进了游戏情景……于是,大家迫不及待地按照这几个小朋友们设置的游戏障碍和规则玩了起来。几遍玩下来还是不尽兴,孩子们自己又找来了一些材料将几个游戏场有条不紊地连在一起,变成了孩子们口中的危险丛林。里面有各种动物:猴子、鳄鱼、长颈鹿、狮子,还有轮胎围起来的沼泽、纸箱搭起来的山洞、木梯架起来的荡桥、皮球假扮的食人花以及我原来的"穿越丛林"材料区的藤蔓林,孩子们在这座"危险"的丛林里或跳、或跨、或跑、或钻、或绕,玩儿得不亦乐乎。

在经历了一次又一次的尝试和挑战之后,孩子们对于教师设置的游戏内容已经不太感兴趣,而教师却一味地想坚持自己的教学计划,结果却是"大部分孩子最后都被吸引过去了"。那几个孩子另辟蹊径的游戏利用了更多的材料,丰富了游戏的情景,增加了"穿越火线"游戏的趣味性,更重要的是发挥了孩子们的主动性,所以他们格外地喜欢。反观孩子们创设的"穿越丛林"游戏,其实也正是教师所想要他们玩的"穿越火线"游戏的升华,游戏的内容和动作的练习都是在原游戏的基础上进行了拓展。感谢孩子们,让一个预设的游戏变得更丰富立体、趣味十足。

来自孩子们的智慧启发

游戏是幼儿园的基本活动,幼儿园体育游戏是幼儿喜爱的游戏活动之一,是发展幼儿身体运动能力的重要途径。当教师越来越关注体育游戏,注重体育游戏的组织和开展时,也会遇到很多的问题,如:1. 多以教师为主设计游戏内容;2. 单方面教师设置游戏情景,幼儿被动参与游戏;3. 以运动能力的发展去评价和质疑幼儿的"特别"行为或问题;等等。面对这些问题,教师该如何调整支持策略,如何兼顾幼儿对游戏兴趣与教师教育目标的达成呢? 在游戏"穿越丛林"中,是孩子们给了我最好的答案。

首先,在游戏困境时寻求幼儿帮助。在新课程改革引领下我们知道,一日活动皆课程,任何一个时刻都可能是教育的契机,对幼儿的培养目标已不再是追求技能技巧方面的发展,而更注重的是如何利用已有的技能技巧去解决孩子在运动中出现的问题。在进行"穿越火线"游戏时,孩子们遇到了如何判断有没有违反规则的问题,教师将这个问题看做一个教育的契机,向孩子们征询解决的办法,支持孩子们通过思考和行动的方式去尝试解决问题,让孩子们体验到解决问题后的成就感,这比起教师直接为幼儿解决一个问题,其教育价值则更高。

其次,使游戏玩法跟随幼儿思路。在游戏活动中,幼儿是游戏的主体。在游戏"穿越火线"中,孩子们达成教师的预设目标后,教师需将开发游戏玩法的主动权交给孩子,"踩石头"、"跨跑"等穿越丛林的玩法,不仅体现了孩子们的想象力和创造力,也在很大程度上增加了游戏的趣味性。由孩子们自己创造的玩法也更能激发他们游戏的兴趣,提高遵守游戏规则的自觉性。

再次,游戏价值的隐形引导。《3—6 岁儿童学习与发展指南》中建议,要在跑跳、钻爬等活动中发展幼儿动作的协调性和灵活性。"穿越火线"这个游戏正是为了达成这样的目标,经过幼儿升级后的"穿越丛林"游戏同样达到了有效的教育目的。幼儿园游戏不仅要有趣味性,更重要的是需要教师思考其中蕴含的教育价值,在活动中尊重幼儿,并积极引导和支持幼儿合理想象与运动愿望。

"穿越火线"的游戏让我再次领略到孩子们的智慧,认识到游戏材料的重要性以及游戏活动中教育价值的体现。不管何时,我想孩子们永远都可以做我的老师,我要谢谢孩子们在运动体验中表现出的可爱与可敬,我也感受到让孩子们体验快乐成长这一教育使命在我手中的分量。

陈　燕

小积木乐趣多

快乐教育有一个特定的教育目的,那就是让孩子成为快乐的人,"快乐教育"能最大限度地调动起儿童的求知欲、创造欲和自信心。我们期望儿童的学习是快乐的,儿童的成长也是快乐的。快乐来自于幼儿能做他们自己喜欢的事情,儿童能从内心感到欢喜快乐,并愿意将快乐的事继续做下去,从而使各方面的能力也得到提升。通过观察、交流、了解、融入儿童,我们教师才能从真正意义上解读儿童,从而掌握并运用科学的教育方法,知幼儿乐,懂幼儿乐,为幼儿创造乐,让儿童在快乐中成长,这是快乐教育的意义和价值所在。

幼儿喜欢积木益智活动,在玩积木的过程中,孕育着孩子们的许多奇思妙想,渗透着寓教于乐的教育法则。幼儿积木游戏行为有一个发展的过程,即从最初的无意识摆弄,逐步向实现自己意愿的计划性行为发展,具有"先搭后想——边想边搭——先想再搭"的发展顺序。

在一次晨间区角活动,我看着黄渝涵穿梭在各个活动区中,眼神始终没有为某一样物品停留下来,观察片刻后,我判断她是需要一个挑战。于是我把一整盒长条积木抱了出来,我在她面前故作叹息地说:"如果这些小积木能搭建一个高楼,能叠多高呢?"黄渝涵听到后,开心地对我说:"一定会很高的,要不我搭建一下试试?"说完后她就迅速地把积木都倒了出来,她倒积木的响声让很多小朋友都看向了黄渝涵。

第一次，她拿起两块积木竖放在桌面上，紧接着上面平放一块积木，接下来又是两块积木竖着放，上面依然是一块平放着的，两块竖放一块平放，有规律地摆放着。慢慢地，叠到一定的高度，她说："不能放了，再放就要倒了！"旁边的周玥看到后，也想去试试，小心翼翼地往上面再放了两个，结果意料之中，积木全部倒下来了，他们都开心地大笑起来。在这个过程中我发现，她能够用积木进行往上叠高，但是在叠高的过程中，没有将积木左右均匀放好，导致积木倾斜不能稳定地直立。在积木第一次倒下后，她认识到了要把积木稳住。

第二次，她采用了用手扶的方法，并没有考虑到积木的叠放没有稳定。她把两块积木竖放在下面，一块横放在上面，当放到第二层时，刚松手积木就倒了。我对她说："楼房怎么啦？"她说："站不住。"我又问："怎么会站不住呢？"我提示她："是不是搭的时候积木放的位置不对呢？可以试一试把积木的位置换一换。"

第三次，她把"摔倒"在桌子上的积木重新组合。这一次，她更注意积木摆放的位置，第一层积木放好后，第二层她将两块积木按相应距离放在下面，她兴奋地说："老师，看，我的积木站住了！"我说："为什么你变换了两块积木的位置，楼房就'站'稳了？"她说："我把两块竖的积木左右对整齐了。"我说："你真了不起，发现了积木位置均匀摆放能站住的秘密。"

第四次，很快她开始继续往上搭建楼房，搭到需要抬头时，她的手都够不到了。她先踮着脚尖伸手把积木搭上去，试了两次还是没有够到。她想了想，站到了自己的小椅子上，一下子就把积木放到了上面。她继续搭建，一会儿又有点够不到了，可是她仍继续搭建，我赶紧把她的小椅子扶住，防止她摔倒。最后，一幢高高的楼房建好了，她开心地指着房子说："老师，看我的高楼。"我说："你真棒！搭的楼房可真高呀！"

在往上搭建的时候，她遇到了够不到的难题。在幼儿遇到困难的时候，我没有马上帮助她，而是让她自己先想办法。她先尝试通过踮脚尖的方法，没有成功；她又想出利用小椅子的办法，站在椅子上，解决了够不到的难题。最后当她在椅子上踮起脚尖时，存在安全隐患，我及时帮助她做好安全防范。

《指南》指出："经常玩建构游戏的幼儿，能获得大量有关数量、图形以及空间的核心经验。"在黄渝涵玩积木游戏的过程中，我能感受到她在叠搭积木过程中对审美规则的运用，如有序排列、均衡等形式美以及相关的数学经验。她不断改变自己建构的方法，让"楼房"的高度达到更高层次，可见，她的建构过程不是随心所欲的，而是有着她自己的计划性，在她的头脑里有非常清晰的思考和想法，要让"楼房"达到更高的高度而不倒。在黄渝涵的积木搭建中，我始终关注、支持、引导着她的操作，为她的持续游戏提供了言语指导和物质的支持。这看似简单的积木活动其实考验的是孩子准确判断空间距离的能力，依赖于孩子手部动作的精确性和高度集中的注意力。

对孩子来说，玩就是生活，就是学习。在孩子玩积木的游戏中，我看到了孩子自主探索材料、发现问题、解决问题的意识和潜能，看到了孩子自己动手、独立操作、不断尝试、体验成功的快乐。做教师的我怎能不尊重孩子的自主游戏权利和创造性思维，怎能不欣赏孩子在游戏中的自主学习方式呢？我欣慰自己能做一个教育的有心人，善于发现和捕捉孩子的学习特点与个性，关注和支持每一个孩子快乐地学习，快乐地成长！

王思瑶

换个角度更有趣

进入中班,儿童的自我意识逐渐增强,他们有了表达自己看法的意愿和行为,且同伴间常常会出现分歧和争执。而这些关于活动的争执分歧往往很难达成共识。"认同和接纳"是中、大班儿童在社会领域的发展目标之一。《指南》中对儿童社会认知发展水平指出:4—5 岁儿童"活动时愿意接受同伴的意见和建议";5—6 岁儿童"知道别人的想法有时和自己不一样,能倾听和接受别人的意见,不能接受时会说明理由"。

为让孩子们感受、体验、理解"认同和接纳",懂得换位思考的道理,我尝试用绘本《鸭子!兔子!》,引导孩子们在趣味性的情境和故事及阅读分析、设计、体验等活动中,去感受和体悟"倾听和接受别人的意见",能正确表达自己的想法和认识。

《鸭子!兔子!》这一绘本,主要呈现的是两个孩子对看到的同一物体发生了争执,一人说是鸭子,另一人说是兔子。故事中的俩人分别从自己感受到的角度,从外形、事物、叫声、动作等方面来论证自己的观点。他们各执一词,都觉得对方不可理喻。直到争论对象从眼前消失的时候,俩人开始冷静下来进行换位思考,仿佛如梦初醒,觉得对方说得也有道理,然后感到这样的争吵毫无意义。可是,当新的情境出现的时候,争论又开始延续……

活动一：大家一起来辩论

这次辩论活动的价值不在于让孩子得出一个确凿的结论，我希望让孩子们能积极表达自己的想法，并且表达出的想法是有理有据、蕴含逻辑性思考的。

于是我先让孩子们阅读封面，提出问题："你看到了什么动物？为什么觉得是它呢？还可能是其他的动物吗？为什么？"

孩子们七嘴八舌地表达着自己的看法：

"是兔子，因为有长长的耳朵"；

"是鸭子，因为这长长的东西看着像嘴巴"；

"看起来很像鸭子，又很像兔子。从左边看像鸭子，从右边看像兔子"。

"他是反着看的"

……

在集体阅读时，孩子们了解了绘本画面内容后，我让他们自己选择分成"鸭子组"和"兔子组"，两组分别坐在画面的左右两侧，然后双方根据自己的观点展开讨论，并说出理由。当每一组说出一个理由时，教师就给这组孩子积一颗星。

第一轮辩论完后，让孩子们交换座位，试着站在对方的立场说理由，同样也鼓励加以积星。

最后比比，哪一组获得的星星多就为获胜组。

通过这个辩论活动，打开了孩子们的思路，让孩子们直观感受到有分歧并不可怕，重要的是能说出自己的观点并拿出证据，而且要学会去倾听别人的观点，站在对方的角度看问题，这样就有了不一样的收获。

活动二：七巧板变形记

阅读理解有三个层次：

第一层次是表层理解,也就是字面意义上的理解,就是要知道故事的作者在说什么。

第二层次是深层理解,也叫阐释性理解,利用作者所传递的信息,凭借自己的社会背景知识、生活经验进一步理解和吸收读物中没有明确表述的却又与主题有联系的思想与信息,即"弦外之音"。这是一种合乎逻辑的、超越读物文字符号所传递的信息而进行的思维推理活动。读者要去思考作者想要表达什么,我理解到了什么,我为什么这么理解。

第三层次是运用型理解,也就是读者对作者的态度发表评论,用书里的观点态度与自己生活相结合,或者进行批判、续编、改写等活动。

根据阅读理解的三个层次,我开始了《鸭子!兔子!》绘本延伸拓展活动。

我在正方形的牛皮纸上根据七巧板的制作方法画出线条,给每个孩子一张模板,让孩子们沿着线条剪开,于是自制的"七巧板"就做好了。

接着让他们自己发挥想象,用七巧板拼接出图案,并用铅笔沿着边缘轮廓进行勾画。挪开七巧板后,根据勾画的轮廓展开联想,看看勾画出的图案像什么,然后进行添画。下面就是孩子们通过剪——拼接——勾画——添画后得到的几个作品,孩子们互相欣赏后体验到了从"相同"到"不同"中变化的乐趣。

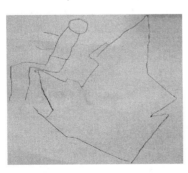 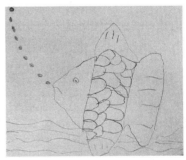

图6-7 马桶　　　　　　图6-8 吐泡泡的鱼

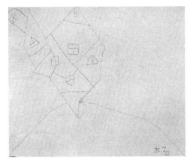

图 6 - 9　倒立的房子

图 6 - 10　我自己

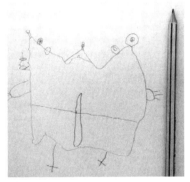

图 6 - 11　怪兽

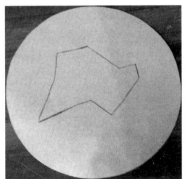

图 6 - 12　勾画的初始轮廓

图 6 - 13　小怪兽

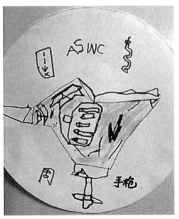

图 6 - 14　手枪

图 6-15　鸭子

图 6-16　冲锋枪

图 6-17　食肉牛龙

图 6-18　鸭子

活动三：转转画画

为让孩子们进一步感受同一物体不同视角,在前期活动的铺垫下,我又设计实施了"转转画画"的活动。

我随意剪出一个图形,在圆形纸的中间拓印出这个图形的轮廓。

复印了若干份后,我分发给每个孩子。接着让他们闭上眼睛,转动圆形纸盘,玩"转一转,想一想"游戏。当我发出"停"的口令后,孩子们睁开眼睛,然后对看到纸盘中的图形进行联想,并说出像什么。联想完后，又重复前面的游戏。

每当叫停之后，孩子们转动出的图形呈现的是不同方位的，所以每次不同的孩子联想出的物体也会不一样。

游戏之后，我请孩子们找出自己最喜欢的一个角度展开想象，并进行添画。他们的联想让我惊叹！

在"集体阅读引导——延伸活动深化"的过程中，孩子们对"认同和接纳"、"换位思考"有了一定的直接感受，我也在这个历程中不断去思考如何在"儿童第一"视角下设计出他们喜爱的、高效的活动。我的体会和认识有三点：

其一，充分运用优秀绘本可以让幼儿的社会性学习活动更加直观形象、更加有趣，并享受绘本阅读的快乐。

其二，学龄前是人生观、世界观形成的重要时期，抽象的社会认知概念和态度可以运用有趣的活动让儿童去体验和领悟。

其三，深入挖掘绘本的教育价值，结合《指南》和《纲要》精神，将儿童的绘本阅读与阅读表达、阅读表现有机融合，在绘本阅读活动中体现快乐教育思想，这是对幼儿教师专业能力发展的新要求。

换个角度更有趣，让我们带着这样的视角，去拥抱、接纳生活，给孩子的成长插上不同飞翔姿态的翅膀吧！

刘　林

双胞胎的秘密

双胞胎是什么——撞衫事件引发的讨论

今天程程和洦洦撞衫了,穿得一模一样。区域活动时,孩子们像炸开锅似的谈论开来。

"看,他们两个穿一样的衣服!"

"双胞胎! 他们俩是双胞胎!"

"对呀! 他们今天是双胞胎!"

孩子们的声音引起了我的关注,"你们知道什么叫双胞胎吗?"

麟麟说:"衣服一样! 裤子一样!"

涵涵说:"还要鞋子一样! 水杯也一样!"

孩子们对双胞胎的定义取决于两个人的外表穿着和物品。于是我继续追问:"只要穿得一模一样就叫双胞胎吗?"

瑞瑞说:"要头发也一样!"

俊俊说:"要两个都是男孩!"

垌垌说:"还要长得一样!"

我意识到他们关于双胞胎的经验来自于班级的一对双胞胎男孩——圆圆和满满。于是我接着又问:"是像圆圆和满满那样吗?"

"是的! 他们两个才是双胞胎!"几个孩子争先恐后地回答。

"不对! 他们今天不是双胞胎,穿的衣服不一样!"孩子中出现了不同的声音。

随着争论不断升级,我发现孩子们并不知道"双胞胎"的真正含义,对"双胞胎"他们有着自己的认知和理解。如何将这样一个深奥的生物学问题让孩子们弄清楚呢?

于是我接着问:"圆圆、满满是一个妈妈生的吗?"

"是的,他们的妈妈是周医生(他们的妈妈是幼儿园的保健医生)!"孩子们都表示赞同。

"那程程和洹洹呢?"我继续问。

"不是! 他们是两个妈妈生的!"几个孩子激动地说。

接着我们一起得出了一个结论:双胞胎必须有同一个妈妈!

那么新的问题来了,同一个妈妈生的孩子都是双胞胎吗? 于是我接着追问:"你家里有哥哥姐姐或者弟弟妹妹吗? 你们是双胞胎吗?"

笑笑说:"我家有个小妹妹,但我们不是双胞胎,她太小了!"

辰辰说:"我还有个哥哥,他很大了!"

于是我们又共同得出了一个结论:双胞胎必须得一样大!也就是同一天出生!

就这样,洹洹和程程的"撞衫事件"引起了大家的关注,并引发了关于"双胞胎"话题的激烈讨论。在讨论中我看到了孩子们的兴高采烈和意犹未尽,即使是平时不怎么爱说话的几个小朋友也积极地参与其中,显得格外兴奋。

双胞胎的秘密多——一起行动做调查

对于"双胞胎"的认识,孩子们还停留在对表面和外观的认知上,而不是对于事物本质特征的了解。虽然通过一番讨论得出结论,但孩子们总是把"双胞胎"的定义停留在看起来"像不像"或者"一样不一样"上。于是我建议孩子们走出班级去调查,看看幼儿园里除了圆圆和满满,还有没有其他的双胞胎。

"太好了! 耶!"我的建议立刻得到了许多孩子的回应。于是一

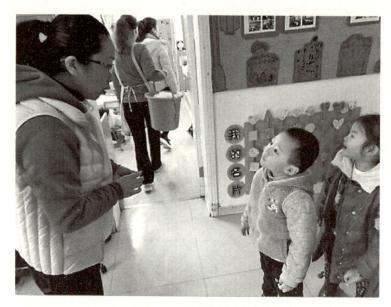

图 6 - 19　教师布置小任务

场"双胞胎"大调查就此展开。我和孩子们一起拟好了三个问题：

　　1. 你们班上有双胞胎吗？

　　2. 你们是同一个妈妈生的吗？

　　3. 你们是同一天过生日吗？

图 6 - 20　教师给孩子们讲解

带着三个问题我们开始了走访调查。

在聪聪班，我们找到了一个双胞胎妹妹，对她进行"采访"后，孩子们得知双胞胎姐姐在乐乐班。于是我们一起来到了乐乐班，找到了双胞胎姐姐。通过询问乐乐班的老师，还认识了他们班里另一对特别的双胞胎，他们一个是男孩一个是女孩。原来这叫"龙凤胎"！接着我们在宝宝班找到了一对双胞胎男孩，他们一个高，一个矮，长得也不一样，是一对"异卵双胞胎"。

图 6-21　孩子们开始走访

整个调查过程孩子们始终表现得兴致勃勃，对各个班级的双胞胎充满了好奇。调查结束后孩子们再次进行了讨论。

"我发现了长得完全不一样的双胞胎！"

"一个男孩，一个女孩，也是双胞胎！"

"我问了他们，他们说他们是一个妈妈！"

孩子们经过调查发现：原来双胞胎也会长相不一样、性别不一样啊。虽然孩子们依然无法定义"双胞胎"这个概念，也不明白什么叫"龙凤胎"，什么叫"异卵双胞胎"，但是得出了一个与以往认知不一样的结论：双胞胎跟穿着甚至长相和性别并没有关系。

正如夸美纽斯说过的"一切知识都是从感官上开始的"。在探索"双胞胎"秘密这个过程中,孩子们主动去"发现"、去"争论"、再"观察"、再"讨论"。在"知行合一"中不断地发现问题、提出问题、解决问题。

双胞胎的新话题——感恩妈妈的爱

接下来的一段时间里,我一直听到孩子们对于"双胞胎"话题的谈论。借着他们的兴趣,我搜索了相关的视频,请孩子们观看了双胞胎的降临,观察双胞胎在妈妈肚子里的形成过程,并进行拓展活动:了解除了双胞胎甚至还有多胞胎。

在观看视频后孩子又引发了新的讨论:"我妈妈就只生了我一个!""我不喜欢妈妈的肚子划一条口!""我的妈妈会很痛的!"

"是的,妈妈将你们生下来是一件非常不容易的事,要经历许多痛苦。那你想对妈妈说点什么?"我借机启发。

"妈妈,谢谢你了!"

"妈妈,你辛苦了!"

"妈妈,你别死!"

"我就喜欢我的妈妈!"

孩子们纷纷开始表达对妈妈的爱和感谢!我建议他们:"如果想到要对妈妈说什么,还可以拿一张纸画下来。"对"双胞胎"的进一步了解引发了孩子们对妈妈生宝宝的讨论。直观真实的感受唤起孩子对妈妈的"担忧",简单的绘画线条和语言表达中,全是对妈妈满满的爱,孩子们有感而发,绘画作品栩栩如生。

当孩子们对"双胞胎"产生浓厚兴趣时,我俨然只是一个"猎手",敏锐地捕捉这一教育契机;当孩子们在探索"双胞胎"过程中,我又变身为一个"建筑工",不断为他们搭建探究问题的"支架";当"双胞胎"探索深入延伸时,我是他们最忠实的倾听者,我用欣赏的态度鼓励他们表达自己的看法和感受。

由"撞衫事件"到"感恩妈妈"的过程,是孩子们主动学习与探

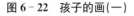

图 6－22　孩子的画(一)

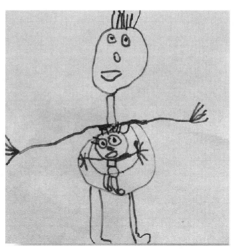

图 6－23　孩子的画(二)

图 6－24　孩子的画(三)

索的过程。在这个过程中,孩子们有自己的猜想和思考,也有自己的体会和感受,整个探索过程呈现出孩子们自己的学习轨迹,这样的学习是自发的,更是快乐的。

　　关于"双胞胎"的活动告一段落了,但是孩子们的学习和探索不会停止。我在孩子们的学习过程中,扮演了好多种角色,帮助孩子在快乐中学习,同时也在学习中获得快乐,这是我作为教育者的神圣使命。

蒋晓敏

在感恩中成长

感恩是一片真情，一种礼貌，也是一种品德，感恩教育无时无刻不在孩子的生活里。

三八妇女节到了，幼儿园开展"感恩妈妈"的主题教育活动。"什么叫感恩，感恩要做什么送给妈妈呢？"一阵叽叽喳喳的声音传来，原来是中班的幼儿在激烈地讨论着。

"老师，我知道有一首歌叫《感恩的心》……""我也知道，老师，你是要教我们唱这首歌吗？"看到孩子们兴奋的脸庞，我告诉他们："今天，我们不是学习歌曲，而是去真正明白感恩的意义是什么。"

为了调动孩子们的学习积极性，我便从游戏开始，选择适合他们的游戏方式，注重每一个孩子参与游戏学习的积极性。小火车的游戏开始啦，"孩子们，我们来玩小火车的游戏，火车头开到谁那里，谁就告诉我关于你的爸爸妈妈的秘密，好吗？"做这样一个游戏，我的初衷就是激发孩子们的感恩意识，让他们在游戏中，提升对父母的感情，强化对父母的感恩，我也希望通过这样一个活动，让感恩教育与成长融为一体。"老师，我先来，我先来……"听到要做游戏，孩子们的积极性都高涨起来了。

"老师，我知道我妈妈的名字。我妈妈叫王美。""老师，老师，我知道我妈妈多少岁，她今年 33 岁了。"游戏进行得很顺利，游戏中，不少孩子对爸爸妈妈的了解，超过我的预期。我也在孩子们的秘密分享中，感受到孩子们的那份自豪与快乐。为了进一步拓展感恩教育的意义,让孩子们体会成长的快乐,我又开始尝试新的方法。

"孩子们,这次感恩游戏,我会选出最懂得感恩的小伙伴,让他给大家上一堂感恩课。"我看到孩子们有些激动,每个人都争先恐后想要回答问题一样。为了调动大家的积极性,选择更加适合孩子们的游戏,我便采取击鼓传花游戏,让孩子们说说"我知道的爸爸妈妈"。游戏中,通过孩子们自己的描述,看谁对爸爸妈妈的了解最多,如姓名、年龄、生日、职业、发型、电话号码、身高、体重、兴趣爱好、喜欢的颜色、喜欢的食物等等。只要是知道一项内容,就可以积一分,看看谁的得分多,证明他对父母的了解也越多。游戏开始了,孩子们很兴奋,纷纷回答着自己所了解的爸爸妈妈,可是几轮过后,我发现孩子们开始沉默了,不知道该说什么啦,也没有乱吵乱叫的了。我知道,他们是在思考另一个问题:为什么自己的情况可以记得住,但是父母的很多事情却记不住? 还有很多问题他们都说不上来。看得出来,有的孩子格外焦急,还有的孩子好不沮丧。

我宣布游戏结束,我问孩子们:"你们满意吗,游戏结果你们满意吗?"很明显,很多孩子都不满意。这时,我做了个小总结:"父母养育你们,你们需要感谢父母。如果你们对他们的很多特点都不知道,怎么证明我们爱他们呢? 这个游戏我们明天继续,好吗?"

第二天,我看到很多孩子信心满满地参与到游戏中,自豪地说出父母的各种特征,从中我感受到了他们对爸爸妈妈的那份爱,更是对感恩的一种新表达。

当然,感恩教育还没有结束,我依托这一次课程,组织安排了歌唱活动《我的好妈妈》。感恩教育不是靠教师说"我们要懂得感恩"这样的说教方式,应该通过教师创设一次次情境,让孩子去体验和感受父母对他们的爱,并让孩子表达出他们对父母的爱。感恩不需要说教,而是要让孩子们发自内心地去表达。或许他们懂得的并不多,但是一句关心,一次轻轻的捶背,为妈妈递上一杯水……这都是幼儿园爱的教育"小处着手,大处着眼"的点点滴滴,也是孩子们最真实、最淳朴的表白与可贵的童心之爱。

让感恩润泽每一个孩子的心灵,内化于心,外化于行才是教育最好的状态。班里的孩子,嘉嘉的表现引起了我的关注。每次入园,她都要妈妈帮她背书包,而且一放学就嚷着要去旁边的面包店买面包,否则会大哭大叫……我向她的家长了解情况,她在家很任性,从来都是小霸王,遇到不满意还会伸手打自己的爸爸妈妈。我在想,家庭教育的宠溺造就了孩子强烈的"以自我为中心",没有同理心,怎么会有感恩之心?

我和其他老师商量,多创设机会让嘉嘉拥有同理心,利用认真工作就可以集分换玩具的诱惑,每天请她当小老师做帮小朋友擦桌子,发餐盘等工作,让她体会到为小朋友服务的辛苦,同时针对她的认真表现,小朋友每天都要对她说"谢谢,辛苦了"。一周之后,她实在忍不住了,说自己不想当小老师了。当我把妈妈每天帮她背书包,在家里给她喂饭的照片拿给她看,"你的妈妈每天为你做多少事情,她也很累,你要对她说什么呢?"她一下子怔住了,好像意识到了自己的错误。我和她约定,感恩就是体谅妈妈,自己的事情自己做。第二天,我发现嘉嘉像换了一个人,自己背书包了,妈妈说在家里也会要求自己吃饭,还说自己更喜欢当小老师呢。

我在想,感恩教育是孩子知情意行为不断内化的过程,孩子只有在多种体验和感知中理解感恩的意义,才会在点滴生活中学会感恩。我们以"三八妇女节"感恩活动为契机,让孩子意识到感恩不仅指向自己的妈妈,也指向身边每一个人,热爱身边每一个人。善于发现身边人的闪光点,学会对每个人说谢谢,让孩子们常怀一颗感恩之心,热爱生活,学会成长。

用爱工作,用爱守护。一直以来,我告诉自己:拥有对孩子满满的爱是做好教师及班主任工作的前提,是打开孩子心灵之窗的一把钥匙,我深深明白其中的道理,也一直用实际行动践行着我的初心。在新幼快乐教育课程中,有着无数个关于感恩的解释,面对心理逐渐成熟的幼儿这个特殊群体,让他们懂得什么是感恩,如何感恩,是我对快乐教育神圣使命理解的幼儿情感教育的有益尝试。

"我的好妈妈,下班回到家……"一首老歌,也好像道出了我们的使命。今天,父母和子女之间的情感障碍造成的教育问题越来越普遍,很多孩子由于父母工作忙碌,其情感需求常常被漠视,情感教育陷入盲区,更容易偏离成长轨道。这些心理健康问题可能表现为隐性,长期潜伏,不容易发觉却影响深远。成长之路一旦走偏,纠正起来的代价和精力是难以估算的。

在新幼五大领域课程实施及快乐教育实践中,我深感幼儿"情感教育"的重要。培育"感恩文化",净化、熏陶孩子们的心灵世界,让孩子们学会感激、学会宽容、心存爱心、孝心与感恩之心,让孩子们学会知恩、感恩、报恩,这是我们幼儿教师不可推卸的教育责任。这次的感恩教育活动,点燃了孩子们的感恩之心的热情,也拨动了我的感恩之情。我感恩孩子们在感恩活动中的收获与成长,感恩快乐教育让我和孩子们一起体验付出与感恩的快乐。我愿继续走进每一个孩子的"心"里,下足功夫、努力实践,让感恩之心永不枯竭。

张 雪

害 羞 的 骝 骝

骝骝生活在一个温暖有爱的大家庭里,是家里的小公主。她是一个能干,乖巧懂事的孩子,喜欢旅游,经常和我单独分享她的旅游趣事。但是,在集体里她却特别害羞胆小。在我和小伙伴对骝骝的一次次鼓励和对话中,骝骝变了······

我想当升旗手!

新学期开学,老师将这学期的升旗手名单发给家长,当轮到骝骝当升旗手的时候,接连两个星期她都来晚了。这周又轮到骝骝当升旗手,周一早上,骝骝妈带着骝骝来到教室时,升旗仪式已经开始了。当我问骝骝妈,今天是骝骝当升旗手,怎么又来晚了啊?她对我说:"啊?骝骝说她上周已经当了升旗手了呀!难怪今天早上吃早餐吃得很慢,一直磨蹭不想上幼儿园。""骝骝,老师再给你一次机会,下次升旗还是你当升旗手,你记得要早点来哟!"我蹲下来对着骝骝说。

第二周的星期一早上,骝骝妈将骝骝准时送到了幼儿园,说:"昨天晚上我们在家专门让她练习了自我介绍,麻烦帮我看一下她今天升旗表现得怎么样。"升旗前,我带领着六个小朋友到升旗台进行排练,此时,骝骝能大声地完成自我介绍:姓名、年龄、班级、爱好等。我也期待着骝骝这一次的表现。九点钟,升旗仪式正式开始,升旗手入场,骊骊表现得非常棒。但当升旗手自我介绍时,骊骊拿着话筒低着头,半天说不出一个字。我在下面急死啦,小声地说:"骊骊,你可以的,你刚刚在下面说得那么好。"十秒钟过去了,半分钟过去了,正当我要放弃的时候,她小声地说了一句:"大家好,我叫杨骊骊。"升旗仪式结束后,我找到骊骊说:"骊骊,你今天真棒,如果你下次声音能够再大一点,把在家里练习时那些话全都说出来就更棒了。"

之后我和骊骊妈也做了沟通,提出了一些方法,比如骊骊喜欢旅游,可以将旅游的照片带到幼儿园来和小朋友们一起分享;骊骊外公故事讲得非常好,可以让骊骊在家里跟外公准备一到两个故事,第二天到幼儿园与小朋友们分享。

一个月过去了,骊骊在集体里虽然说话的声音比较小,但是她能主动并且完整地讲述,升旗仪式时,能站在国旗下完整流畅地介绍自己。两个月过去了,骊骊竟然能够主动要求担任升旗手,并能大方地在全体小朋友面前大声表达自己的理想。

从最初的逃避,到现在主动要求"我想当升旗手",骊骊发生了令人欣喜的变化。面对幼儿的表现,教师不要急于求成,给孩子多一点鼓励,多一点耐心,多一点机会,让孩子变得更加自信,更加快乐,这是我作为一名学龄前教师的小小满足并以此为乐。

骊骊,你真棒!

一天晚上,骊骊妈来到幼儿园找到我说:"昨天晚上,骊骊爸把你们上一次表演节目的视频拿给骊骊看,说'骊骊,你知道吗?爸爸很难过。'然后骊骊看着视频,看着看着就哭了,之后他爸爸也没有再说什么,但是骊骊很伤心。"骊骊妈边说把这个视频打开给我看,原来在整个表演过程中,骊骊一直站在那里没有跟着其他小朋友一起做动作,而是一会儿转过去看看其他小朋友,一会儿低着头玩她的手指头。然而在平时的练习活动中,只要老师稍加提醒,她会做得非常好,可这是怎么啦,与骁骁平时练习中的表现差距太大了。

从骁骁看了视频后的伤心难过中,我感到骁骁意识到自己的问题了,因为自己的害羞和不自信,使自己不敢也不愿意在集体面前大胆地展示自己。针对这一情况,我利用餐前活动和游戏环节,多给骁骁展示的机会。并通过表演绘本剧、舞蹈等形式的体验,让她敢于在集体面前表现自我。当然这个过程比较漫长,需要一直提醒骁骁,不要害羞,不要害怕,老师和小朋友最喜欢看骁骁表演了,你的声音很动听,你的舞姿很漂亮。通过一学期的努力,骁骁在大型活动中,能独立并完整地表演她所扮演的角色,赢得了老师和家长的夸赞,骁骁变得更加自信和快乐了。

每到早操活动玩椅子的环节,骁骁都不敢独自从椅子上往下跳,每次都要喊"老师,你快过来"。小椅子距离地面的高度在30公分左右,这样的高度对于大班儿童来说是非常容易的。可是骁骁始终都不敢去尝试,必须要握着老师的双手才能往前跳。每次我都鼓励她:"骁骁,你可以的,你能行,不要害怕,老师会在旁边保护你。"我和骁骁妈妈经过沟通,发现骁骁有畏难情绪,平时可能是家里长辈带得比较娇气,做事比较随意,在遇到一丁点困难和障碍时都会选择退缩。对于骁骁来说,我们要多给予她鼓励和表扬,告诉她不要害怕受伤,不要害怕困难。

经过我和骁骁妈妈坚持不懈的鼓励,终于在一次早操活动中,我看到了不一样的骁骁。在三十几分钟的时间里,骁骁一直在坚持着做早操。在玩椅子操的环节中,她能自己双脚跳过椅子,没有停下来喊老师帮忙。走平衡桥时,两张椅子之间的距离有点大,她也毫不犹豫地坚持走过去。在早操活动中,我说的最多的不是:"骁骁,你能行! 骁骁你要动起来哟",而是"骁骁,你真棒!"

骁骁并不是不会,她也想向我们证明她能行,只是内心深处有点害怕,害怕在大家面前表现的不好,害怕小朋友们的嘲笑,害怕不安全而受伤,她想得到的是老师的关注。在长达一学期老师的关注和鼓励中,骊骊变得更加自信更加大胆了,在班上她总是洋溢着快乐的笑容。

　　幼儿的发展是一个持续、渐进的过程,在其过程中会表现出一定的阶段性特征。每个幼儿在沿着相似进程发展的过程中,他们的发展速度和发展水平各不相同,教师要充分尊重和理解幼儿发展进程中的个别差异,支持和引导幼儿从原有水平向更高水平发展。陪伴幼儿成长这既是孩子的需要,也是教师的天职。陪伴需要爱心、耐心和睿智;陪伴需要包容与引导;陪伴不是教师生硬的说教和强加于人,而是和颜悦色的平等交流和鼓励;陪伴需要消除孩子的疑惑、焦虑、烦恼;陪伴需要把快乐带给孩子,需要为孩子提供各种尝试的机会和成长的时间及空间,要让幼儿学会解决自己遇到的种种问题,最终让幼儿真正体验到自己成长的快乐。

田　丹

　　此书的汇集成册,首先要感谢上海市教育科学研究院杨四耕教授,他多次亲临千里之外的重庆,到新村幼教集团的教育教学现场,与老师们细谈"快乐教育哲学"的平凡、深刻、隽永与美好,推动我们认识到"快乐"的深刻含义:感官刺激带来的快乐是短暂的、虚缈的,内心的丰盈指向成长的快乐才是永久的、真实的。"体验成长的快乐"不仅是我们的育人目标,更是所有"新幼人"的人生追求!

　　感谢以求专业成长为乐的新幼教师团队!这一个个鲜活的故事、一个个饱满的人物皆是新幼文化浸润的"产物",皆是践行"儿童第一"教育理念的聚焦关注。因为教师眼中有孩子、心里爱孩子,所以他们会理解儿童学习行为、支持儿童学习发生、推动儿童深度学习。他们通过笔记录、眼观察、思对策、想推动、做支持,鼓励孩子多感官学习的同时也运用自己的多感官做儿童成长的陪伴者、支持者和引领者。

　　感谢此书的全体编委,你们从 2019 年的春天开始统稿、编审,指导教师多角度认识和挖掘学习故事中的教育价值,使得每一个故事都显露出蕴含的教育智慧,让我们认识到儿童的伟大、教师的聪慧!

　　感谢我的父亲!作为一名扎根在中学的老校长,桃李芬芳,一生不悔,终身以此为荣!在您的耳濡目染下,我种下了教育梦想,培植了教育情怀。因此二十四年的园长生涯不但没有消磨我对幼教事业的热爱,反而见得更多、看得更广后,愈来愈充满工作的激情,渴求把幼儿园办好、把孩子们培养好!

　　我及我的新幼团队、新幼孩子们一起从新幼出发,向着快乐出发,为更好的自己出发!

重庆市新村幼教集团总园长

刘静

2020 年 1 月 2 日

| 教学诠释学 | 978 - 7 - 5760 - 0394 - 9 | 42.00 | 2020 年 9 月 |

原点教学：提升区域育人质量的策略研究

| | 978 - 7 - 5760 - 0212 - 6 | 56.00 | 2020 年 8 月 |

| 聚焦学科核心素养的课堂教学 | 978 - 7 - 5675 - 8455 - 6 | 36.00 | 2018 年 11 月 |

| 指向学科核心素养的课堂教学范式 | 978 - 7 - 5675 - 8671 - 0 | 54.00 | 2019 年 6 月 |

学校课程发展丛书

数学学科课程群	978 - 7 - 5675 - 9445 - 6	58.00	2019 年 8 月
科学学科课程群	978 - 7 - 5675 - 9593 - 4	34.00	2019 年 9 月
核心素养与课程设计	978 - 7 - 5675 - 9462 - 3	46.00	2019 年 9 月
语文学科课程群	978 - 7 - 5675 - 9441 - 8	56.00	2019 年 9 月
品牌培育与学校课程	978 - 7 - 5675 - 9372 - 5	39.00	2019 年 9 月
英语学科课程群	978 - 7 - 5675 - 9575 - 0	39.00	2019 年 10 月
体艺学科课程群	978 - 7 - 5675 - 9594 - 1	34.00	2019 年 10 月
跨学科课程的 20 个创意设计	978 - 7 - 5675 - 9576 - 7	34.00	2019 年 10 月
学校课程与文化变革	978 - 7 - 5675 - 9343 - 5	52.00	2019 年 10 月

品质课程实验研究丛书

学校课程框架的建构：HOME 课程的旨趣与架构

| | 978 - 7 - 5675 - 9167 - 7 | 36.00 | 2019 年 9 月 |

聚焦育人目标的课程设计：红棉花季课程的愿景与追求

| | 978 - 7 - 5675 - 9233 - 9 | 39.00 | 2019 年 10 月 |

核心素养导向的课程设计：花园式课程的文化与聚焦

| | 978 - 7 - 5675 - 9037 - 3 | 48.00 | 2019 年 10 月 |

学校课程文化的实践脉络：百步梯课程的逻辑与架构

　　　　　　　　　　　　　　978 - 7 - 5675 - 9140 - 0　　48.00　　2019 年 11 月

学校课程发展策略：SMILE 课程的逻辑与深度

　　　　　　　　　　　　　　978 - 7 - 5675 - 9302 - 2　　46.00　　2019 年 12 月

聚焦内涵发展的课程探究：芳香式课程的理念与实施

　　　　　　　　　　　　　　978 - 7 - 5675 - 9509 - 5　　48.00　　2020 年 1 月

以儿童为中心的课程：欢乐谷课程的旨趣与维度

　　　　　　　　　　　　　　978 - 7 - 5675 - 9489 - 0　　45.00　　2020 年 1 月

学校课程体系的建构："小螺号课程"的架构与创生

　　　　　　　　　　　　　　978 - 7 - 5760 - 0445 - 8　　45.00　　2020 年 9 月

特色学校聚焦丛书

每一个孩子都是一棵树　　　　978 - 7 - 5675 - 6978 - 2　　28.00　　2018 年 1 月

教育不是一个人的事："众教育"36 条

　　　　　　　　　　　　　　978 - 7 - 5675 - 7649 - 0　　32.00　　2018 年 8 月

不一样的生命，一样的精彩　　978 - 7 - 5675 - 8675 - 8　　34.00　　2019 年 3 月

童味正醇：特色学校的文化图谱　978 - 7 - 5675 - 8944 - 5　　39.00　　2019 年 8 月

特色普通高中课程建设探索　　978 - 7 - 5675 - 9574 - 3　　34.00　　2019 年 10 月

儿童是天生的探索者：360°科学启蒙教育

　　　　　　　　　　　　　　978 - 7 - 5675 - 9273 - 5　　36.00　　2020 年 2 月

做精神灿烂的教师：教师自我成长的 5 个密码

　　　　　　　　　　　　　　978 - 7 - 5760 - 0367 - 3　　34.00　　2020 年 7 月

让教育温暖而芬芳　　　　　　978 - 7 - 5760 - 0537 - 0　　36.00　　2020 年 9 月

跨学科课程丛书

大情境课程：主题设计与创意评价

978 - 7 - 5760 - 0210 - 2　　44.00　　2020 年 5 月

社会参与素养的培育模型与干预机制

978 - 7 - 5760 - 0211 - 9　　36.00　　2020 年 5 月

大概念课程：幼儿园特色主题活动设计

978 - 7 - 5760 - 0656 - 8　　52.00　　2020 年 8 月

核心素养导向的课堂教学丛书

漾着诗性智慧的课堂教学　　978 - 7 - 5675 - 9308 - 4　　39.00　　2019 年 7 月

转识成智的课堂教学：核心素养导向的历史教学

978 - 7 - 5760 - 0164 - 8　　40.00　　2020 年 5 月

学导式教学：学会学习的教学范式

978 - 7 - 5760 - 0278 - 2　　42.00　　2020 年 7 月

特色课程建设丛书

教师，生长的课程　　978 - 7 - 5760 - 0609 - 4　　34.00　　2020 年 12 月

学校课程发展的实践范式　　978 - 7 - 5760 - 0717 - 6　　46.00　　2020 年 12 月